LE MARI

D'UNE

JOLIE FEMME

PAR

MAXIMILIEN PERRIN

1

PARIS
ALEXANDRE CADOT, ÉDITEUR
37, rue Serpente.

LE MARI D'UNE JOLIE FEMME

Ouvrages du marquis de Foudras.

Les deux Couronnes	2 vol.
Un amour de Vieillard	3 vol.
Les Veillées de Saint-Hubert	2 vol.
Aventures de M. le Baron (tomes 3, 4 et derniers)	2 vol
Un grand Comédien	3 vol
Un Drame en Famille	5 vol.
Suzanne d'Estouville (in-18 format Charpentier)	2 vol.
Le chevalier d'Estagnol	6 vol.
Diane et Vénus	4 vol.
Madeleine Repentante	4 vol.
Un Capitaine de Beauvoisis	4 vol.
Jacques de Brancion	5 vol.
Les Gentilshommes chasseurs	2 vol.
Les Viveurs d'autrefois	4 vol.
Madame de Miremont	2 vol.
Lord Algernon (suite de Mad. de Miremont)	4 vol.
Le capitaine Lacurée	4 voll
La comtesse Alvinzi	2 vol.
Tristan de Beauregard (format Charpentier)	1 vol.
Les Hommes des Bois	2 vol.
Le Beau Favori	5 vol.
Le bonhomme Maurevert	2 vol.
Deux filles à marier	2 vol.

Ouvrages de G. de la Landelle.

Sans-Peur le Corsaire	5 vol.
Le Mouton enragé	2 vol.
Club (le) des damnés	5 vol.
Dernier (le) des Flibustiers	5 vol.
Roi des Rois (le)	5 vol.
La meilleure part	4 vol.
Les deux Routes de la Vie	4 vol.
L'Eau et le Feu	2 vol.
Le Château de Noirac	2 vol.
L'Honneur de la Famille	2 vol.
Les Princes d'Ebène	5 vol.
Falkar le-Rouge (suite aux Princes d'Ebène)	5 vol.
Le Morne aux Serpents	2 vol.
Les Iles de Glace	4 vol.
Une Haine à bord	2 vol.

Ouvrages d'Adrien Robert.

Lord (le) de l'Amirauté	3 vol.
Le Mauvais Monde	2 vol.
Jean qui pleure et Jean qui rit	2 vol.
Les Amours mortels	2 vol.
Les Diables roses	4 vol.
Vierge aux pervenches (la)	3 vol.

Fontainebleau, imp. de E. Jacquin.

LE MARI

D'UNE

JOLIE FEMME

PAR

MAXIMILIEN PERRIN

2

PARIS
ALEXANDRE CADOT, ÉDITEUR
37, rue Serpente
1859

I

— Décidément, je n'irai pas aujourd'hui faire ma visite à mon adorable future, il est quatre heures, le temps de dîner et de faire une séance au café, il en sera sept et je veux consacrer la soirée à penser à cette

Dufresne, cette femme charmante qui sera pour moi une divine maîtresse.

Ainsi se disait Folleville en longeant la rue de la Paix, lorsqu'il se trouva face à face avec Ferdinand Brémond.

— Enchanté de te rencontrer mon cher; tu vas venir avec moi visiter un hôtel situé rue Joubert, dont je suis sur le point de faire l'acquisition.

— Un hôtel, pourquoi faire?

— Parbleu! pour l'habiter.

— Fichtre! quel luxe pour un avocat débutant.

— Est-ce qu'il ne faut pas une maison,

un train, à celui qui épouse la nièce d'un duc?

— Bah! c'est donc décidé? tu te maries? combien épouses-tu?

— Cinq cent mille francs et le puissant crédit d'une famille bien en cour, plus une fille admirablement belle.

— Qui t'aime?

— Qui m'aimera, répondit Ferdinand.

— Allons, te voilà sur le chemin des honneurs et de la fortune, mon cher Ferdinand; puisses-tu y rencontrer le bonheur que je te souhaite; quand la noce?

— Dans quinze jours, or, tu vois que je

n'ai pas trop de temps pour monter la maison où je dois recevoir ma femme.

— Ah ça ! tu vas avoir une noce brillante?

— Mon cher Adrien, je me marie sans bruit ni étalage, à minuit.

— En effet, c'est bon genre !

Tout en conversant ainsi, les deux amis avaient atteint la rue Joubert et l'hôtel à vendre, petit chef-d'œuvre d'architecture, que le propriétaire livrait tout meublé avec goût et élégance, et duquel s'accommoda vivement Ferdinand, pour le prix de deux cent cinquante mille francs.

— Mais Ferdinand, permets-moi de te

faire observer que tu vas engloutir dans cette acquisition la presque totalité de la fortune de ta mère qui est aussi la tienne, il est vrai, dit Folleville en sortant de l'hôtel.

— Qu'importe, la dot de ma femme n'est-elle pas là, ensuite l'immeuble ne représente-t-il pas la somme?

— J'en conviens, mais cela va te faire un loyer de près de quinze mille francs par an, puis l'hôtel ne suffit pas seul, avec cela il te faut des gens, des chevaux, un équipage, que sais-je !

— On aura tout cela, mon ami, répondit en riant Ferdinand. Ensuite, ce mariage ne m'assure-t-il pas une position brillante, soit dans la diplomatie ou dans la magistrature, et d'ailleurs ma femme a d'immenses espérances.

— Dame, tu m'en diras tant que je finirai par te donner raison.

— Maintenant, parlons de toi ; quand épouses-tu ta cousine ?

— Très prochainement, cher, car je suis fort amoureux de cette petite, qui, de son côté, ne m'adore pas moins... Ah ça, j'espère que, quoique mariés nous ne nous en verrons pas moins ?

— Certainement, mais a-t-elle bon ton ta prétendue femme ?

— Très bon ton et un talent merveilleux

pour la confection des conserves et des confitures.

— Folleville, tu as peut-être tort d'épouser une petite bourgeoise ; si tu voulais attendre que je sois tout à fait posé, ce qui ne peut tarder, je pourrais te procurer quelque parti plus convenable à un garçon de ton esprit et de ta position.

— Merci, cher, mais vois-tu j'ai les goûts bourgeois, je suis sans ambition, et la dot assez grasse que m'apporte ma femme, jointe à ce que je possède, ne me constituera pas moins qu'une trentaine de mille livres de rente, et cela me suffit.

— D'accord, mais tu ne seras avec toute cette fortune, qu'un obscur bourgeois, tandis qu'en épousant, ainsi que moi, une fille de famille, tu pourrais parvenir à quelque fonction honorable.

— Des places, merci, je suis paresseux par essence et je déteste le travail; or, vive l'indépendance!

— A ton aise, mon garçon, à ton aise, fit Ferdinand haussant les épaules en signe de pitié.

Le lendemain, Adrien en l'attente du soir qui devait le réunir à la dame Dufresne, et ne sachant que faire de sa journée, pensa la consacrer à sa charmante future chez laquelle il se rendit pour l'heure du déjeûner, où, comme toujours, il fut reçu avec empressement et amitié, où pour excuser son absence totale de la veille, il accusa son ami Ferdinand de s'être emparé de lui la journée entière, pour l'aider dans la recherche et le choix d'un hôtel.

— Mon neveu, nous avons une heureuse nouvelle à vous annoncer, fit madame Fromageo, un petit neveu de mon côté, aspirant de marine, dont nous avons pleuré la mort qu'il avait trouvée dans un naufrage, nous avait-on dit, est vivant, bien vivant et nous écrit que, débarqué au Havre il y a deux jours, il se propose de venir à Paris pour nous embrasser, et passer deux mois au milieu de nous.

— Alors, il sera le bienvenu, fit Folleville avec insouciance.

— Certes! d'autant mieux que le cher neveu, quoique fort jeune a beaucoup voyagé et qu'il nous racontera tout ce qu'il a vu, observa l'ex-confiseur.

— Quand doit-il arriver ce navigateur célèbre? s'informa Folleville.

— Aujourd'hui ou demain peut-être, dit madame Fromageo.

Midi ayant sonné et comme on se mettait à table pour déjeûner, un coup de sonnette annonça un visiteur, dans les bras duquel se jeta madame Fromageo, en reconnaissant l'aspirant de marine dans le gentil jeune homme qui se présentait, beau brun à la figure spirituelle, à la taille élancée et âgé tout au plus de vingt-quatre à vingt-cinq ans, lequel dans ses embrassements n'eut garde d'oublier Constance, qu'il s'empressa de féliciter sur sa beauté et sa grâce.

Ce fut à table et le verre en main que le marin et Folleville, qui ne s'étaient jamais vus et ignoraient même leur mutuelle existence, firent connaissance et pacte d'amitié.

— Superbe! Voilà un gaillard qui occupera la famille pendant les petites absences que va m'occasionner la conquête de ma belle veuve, réfléchissait Folleville, lequel après avoir prétexté une affaire et refusé le dîner de famille, s'élança par la ville pour courir chez lui vaquer aux soins d'une toilette irréprochable, pour ensuite aller attendre l'instant fortuné de se rendre chez la veuve, en promenant ses joies et ses espérances d'amour par la ville.

A huit heures précises, Folleville montait l'escalier et se présentait chez madame Dufresne laquelle ce soir-là, donnait une soirée brillante. Notre amoureux, qui comptait sur un doux et mystérieux tête-à-tête, fut très contrarié en se voyant introduire par un valet en livrée, dans un salon encombré de monde, où madame Dufresne vint à sa rencontre pour l'accueillir le plus gracieusement possible.

— Soyez le bienvenu, monsieur... monsieur...

— Adrien Folleville, madame, fit-il.

— Monsieur Adrien Folleville, reprit en souriant la dame, vous voyez, ajouta-t-elle, c'est à pareil jour que je convoque chaque semaine mes amis pour passer avec eux une agréable soirée, et comme vous m'avez manifesté le désir d'être des miens, je vous ai invité à partager nos plaisirs.

Folleville se disposait à répondre, lorsqu'un valet annonça à haute voix M. le duc de Crosy.

— Monsieur Folleville, je vous recommande une chose, c'est de me faire ce soir une cour assidue et de m'inviter souvent à danser, quand bien même vous me verriez au bras d'un cavalier, reprit vivement et à voix basse la jeune veuve, pour ensuite s'éloigner d'Adrien et aller recevoir le duc.

Folleville, resté seul au milieu de cette foule d'inconnus, de ce pêle-mêle d'hommes mûrs, car la jeunesse faisait défaut à cette réunion de femmes tant soit peu surannées, se mit en promenade afin de parcourir toutes les pièces qui composaient l'appartement, d'en prendre connaissance et d'admirer le luxe et le bon goût du mobilier.

— Que je lui fasse la cour et l'invite souvent à danser, m'a-t-elle dit. Voilà la preuve la plus convaincante qu'elle en tient pour moi, et que je puis tout espérer, tout oser, se disait Folleville avec satisfaction, lequel, pour se conformer aux recommandations, se mit à la recherche de la veuve, qu'il rencontra dans un petit salon où elle était en conversation avec M. le duc.

— Madame, le piano vient de donner le signal du quadrille, vous serait-il agréable de m'accorder votre main pour danser? dit le jeune homme après s'être approché des deux causeurs.

— J'accepte, mon cher Folleville... Vous m'excuserez, monsieur le duc.

La veuve plaça sa main dans celle que lui présentait Adrien, et s'éloigna avec lui pour courir prendre place au quadrille qui se formait.

— Allons, parlez-moi; dites-moi cent choses aussi galantes que spirituelles, car je suppose que vous êtes un homme d'esprit, disait la jolie femme au jeune homme.

— Là ! est-il besoin d'esprit, madame, pour dire que vous êtes belle et gracieuse et la plus aimable des femmes? Pour cela, il suffit de vous voir et de vous entendre.

— Pas mal! Avouez maintenant que vous ne vous attendiez pas à me trouver ce soir en si nombreuse compagnie.

— Il est vrai, madame, que j'espérais

le précieux avantage de vous rencontrer seule ; moi qui ai tant de choses à vous dire, à implorer de votre généreuse pitié !

— Eh bien ! dites, demandez, je vous écoute.

— Eh bien ! madame, puisque vous m'y autorisez : Je vous aime à l'adoration, je vous offre mon cœur, ma vie, ma liberté pour les fers que j'implore de vous, fit Folleville avec transport.

— Vous exigez beaucoup, monsieur, et me connaissez à peine ; ce n'est guère prudent. Si seulement avantagée d'un physique passable, je cachais de gros péchés sous cette enveloppe.

— Il est impossible, madame, qu'une si belle enveloppe cache une vilaine âme.

— Il ne faut jamais se fier aux apparences, dit le sage... Ça, n'aviez-vous pas d'autres bagatelles à jeter dans mon oreille, dans ce tête-à-tête tant regretté ?

— Oh ! oui, beaucoup de choses encore !

— Qu'une femme peut écouter sans avoir le droit de s'en fâcher, sans doute ?

— Aucune d'elles, madame, n'aurait pu faire naître un seul pli sur votre front pur et blanc, ni effacer un instant de vos lèvres roses le sourire qui leur sied si bien.

— C'est engageant, je l'avoue, fit en

niant la jeune veuve qui, tout en provoquant et écoutant Folleville, n'avait cessé de fixer son regard sur certaine partie du salon, celle où le duc de Crosy s'était refugié pour causer avec plusieurs dames.

— De quel pays êtes-vous, monsieur Folleville? reprit la dame.

— C'est juste, madame; de ma personne vuos ne connaissez encore que l'intitulé et rien de la position. J'ai vingt-cinq ans, je suis orphelin, garçon; j'ai pris naissance à Orléans, et ma position pécuniaire s'élève à une vingtaine de mille francs de rente. Quant au moral, je possède quelques qualités passables, et quelques-unes assez répréhensibles : j'ai le cœur tendre, je suis égoïste en amour, libéral en amitié, j'aime le plaisir, quoiqu'étant d'une constance à toute épreuve.

— Vous oubliez de dire que vous êtes homme d'esprit.

— De grâce, madame, pas d'épigramme! fit Adrien.

A ce moment la contredanse se terminait, et la jolie veuve, loin de se séparer de son danseur, passa familièrement son bras sous le sien, tout en lui disant :

— Promenons-nous un instant et continuez à me faire votre cour.

— En vérité, on ne peut y mettre plus de bonne volonté, pensa tout bas Folleville, ivre de joie et d'espoir, Folleville qui, encouragé de la sorte, usa grandement de la permission.

La première heure de la nuit était sonnée, et, comme il n'avait été question que d'une soirée et non d'un bal, le nombre des invités s'éclaircissait à vue d'œil.

Folleville, resté un des derniers, cherchait la maîtresse de la maison pour lui adresser ses adieux, lorsqu'en passant devant un petit boudoir simplement fermé par une portière de soie rose, le jeune homme reconnut la voix de madame Dufresne qui, d'un ton animé, semblait discuter avec quelqu'un.

Folleville, dont l'épaisseur des tapis avait

amorti les pas, s'avisa de glisser un regard curieux à travers la fente que laissait la jonction des portières et aperçut sa veuve qui, le coude appuyé sur la cheminée, s'entretenait avec le duc.

— Tu as beau vouloir te justifier, je te répéterai que tu es une coquette, et, lorsqu'une femme n'a pas d'intention sur un homme, elle ne s'en laisse pas conter et ne se compromet pas ainsi que tu l'as fait ce soir avec ce jeune galant.

— Eh bien, oui, j'en conviens, je me suis plu à écouter les douces flatteries que ce jeune homme se plaisait à bourdonner à mon oreille; il est joli garçon, spirituel, riche et libre, tout cela est d'un certain poids dans le cœur d'une femme que l'amant qu'elle aime, délaisse ainsi que vous le faites envers moi depuis quelque temps, répondit la veuve avec fermeté.

— Alice, tu sais cependant que je ne suis pas un amant endurant, reprit le duc.

—Et moi, une femme à laquelle on peut refuser un caprice. Alphonse, vous me négligez, vous me refusez un hôtel, une voiture ; tout cela me donne de l'humeur, m'indispose contre vous. Or, monsieur, je saisis avec empressement l'occasion de me venger en écoutant le ramage d'un jeune et gentil amoureux. Ah! prenez garde, je suis femme, je suis faible, je puis faillir...

Voyons, que comptez-vous faire pour fortifier mon cœur et le rendre sourd aux hommages de tout autre que vous? demanda la dame en s'appuyant câlinement sur le sein du duc, qu'elle entoura de ses bras en lui présentant des lèvres qui provoquaient un baiser.

— Sambleu! petite fine mouche, céder à tes caprices en t'achetant cet hôtel et cet équipage désirés. En vérité, tu me ruineras avec tes exigences et ta coquetterie.

— Quel mensonge! Toi qui possède une fortune crésurienne, fit la veuve prétendue.

— Mais, malheureuse, depuis deux ans

que je suis ton amant, tu m'as coûté plus de cent mille francs.

— Qu'est-ce qu'une pareille bagatelle, mon cher, pour la possession unique d'une femme comme moi, répliqua la dame en riant et en embrassant le seigneur.

— Alice, j'exige que tu ne reçoives plus ce petit bonhomme.

— C'est convenu, du moment qu'il me devient inutile et que je ne l'écoutais que pour mieux exciter ta jalousie.

— Ainsi, tu t'es jouée de ce pauvre niais?

— Quelque peu. Et pourtant, je conviens qu'il est fort aimable et des plus adroits en l'art de capter un cœur. Oh! il faut se tenir sur ses gardes avec ce garçon-là...

— Que je t'interdis d'écouter à l'avenir, sous peine de rupture entre nous, dit le duc avec humeur et fermeté.

— On se soumettra à vos ordres, monseigneur, répondit Alice en adressant une humble révérence au duc, qui paya cette gracieuseté d'un amoureux baiser, qui lui fut rendu aussitôt avec usure.

— Bien! J'en sais assez! murmura Folleville dépité en s'éloignant doucement, non pour quitter la maison, mais bien se diriger, en prenant ses précautions pour ne pas être aperçu par les domestiques, vers la chambre à coucher de la belle Alice, dans laquelle il pénétra.

Cet élégant et très coquet sanctuaire était cette nuit-là éclairé par une veilleuse suspendue au plafond dans un globe de cristal rose, ce qui répandait dans toute la chambre une teinte mystérieuse, qui aida Folleville à prendre connaissance des lieux, afin d'y choisir une cachette propice, et qui s'arrêta à un petit cabinet situé au pied de l'alcôve.

Là, notre hardi jeune homme, après s'être placé dans une encoignure d'armoire, se résigna à attendre qu'il plut à madame Dufresne de venir se reposer.

Une grande demi-heure s'écoula dans un silence complet; puis Folleville entendit ouvrir la porte de la chambre. C'était Alice, accompagnée de sa femme de chambre, qui venait se déshabiller pour se mettre au lit.

— Mariette, dit la dame, demain à onze heures, tu iras chez le duc chercher dix mille francs qu'il m'a promis ce soir.

— Oui, madame.

— Tu sais, Mariette, ce jeune homme qui était ce soir ici ?

— Oui, madame.

— Eh bien, lorsqu'il se présentera, tu

lui diras que je suis partie en voyage et qu'on ignore quand je reviendrai.

— Comment, madame, vous congédiez ce beau petit amoureux-là, qui toute la soirée a été aussi aimable qu'empressé auprès de vous ?

— Hélas, oui ! Que veux-tu que je fasse de son amour et de sa personne ? que je le ruine ? Ce serait dommage ; lui, qui ne possède qu'une fortune médiocre ; puis il m'intéresse trop pour lui jouer ce mauvais tour.

— Il m'est d'avis, ma chère maîtresse, que votre rigueur fera grand'peine à ce pauvre petit amant.

— Sais-tu, Mariette, que le duc est jaloux de lui. Ensuite, cette liaison-là ne me servirait à rien, qu'à me gêner dans mes projets de fortune et d'indépendance. Une femme comme moi ne doit pas s'attacher; son cœur ne doit jamais être de la partie qu'elle joue ; et ce jeune homme pourrait peut-être m'écarter de cette ligne de prudence, car il est aussi entreprenant qu'il est aimable.

— Mon Dieu ! quand vous l'aimeriez un brin en faveur de ses qualités, où serait le mal ! observa la femme de chambre.

— Dans son assiduité, ses exigences, sa jalousie peut-être, mieux encore, j'aurais frayeur qu'il ne me convertisse avant que je n'aie entièrement fait ma fortune.

— Et que M. le duc de Crosy ne découvrît le pot aux roses, fit malignement la chambrière.

— Dame, sais-tu, Mariette, que le duc est un homme à conserver ?

— Je crois bien, un vrai puits d'or, reprit Mariette.

— Qui va me donner un hôtel et une voiture.

— En vérité ! alors décidément vous avez raison de congédier le petit, ma chère maîtresse.

Durant ce dialogue, la dame s'était laissé déshabiller et mettre au lit, et son service étant terminé, Mariette souhaita une bonne nuit à sa maîtresse et se retira.

Après un quart d'heure d'une impatiente attente et n'entendant plus rien remuer, Folleville quitta sa cachette, sortit du cabinet et s'avança résolûment vers le lit de la dame, laquelle poussa un cri de frayeur en se reculant précipitamment dans la ruelle.

— N'ayez aucune crainte, madame, et reconnaissez-moi.

— Vous dans cette chambre à pareille heure et sans ma volonté! sortez, monsieur, ou j'appelle, fit la dame d'un ton sérieux.

— N'appelez pas et veuillez m'écouter, belle Alice.

— Sortez, vous dis-je, reprit la dame.

— Ce que vous exigez là, madame, est impossible, à moins de vous compromettre aux yeux de vos gens, qui pourraient en instruire M. le duc de Crosy, votre magnifique et généreux amant, alors vous courriez grand risque de perdre votre hôtel et votre équipage, et c'est en faveur de ces riches présents, c'est en vous promettant prudence et discrétion que je vous supplie de me permettre d'achever cette nuit auprès de vous, vous qui peut-être m'aimeriez, si j'avais des trésors à mettre à votre disposition, moi qui vous aime et serais désolé de vous nuire en rien ; moi enfin qui vous jure amour, soumission, d'être votre esclave.

— Et que voulez-vous donc faire ici toute la nuit? demanda la dame d'un ton moins irrité.

— Vous parler, vous prouver l'excès de mon amour, répondit Folleville en s'asseyant sur le bord du lit.

— Voulez-vous bien vous ôter de là, effronté!

— Mon Dieu, quel mal y fais-je? répliqua Folleville en s'emparant d'une main que la dame avait oublié de cacher sous la couverture, pour la couvrir de caresses et s'en servir pour attirer la dame dans ses bras.

Inutile de suivre davantage notre jeune

homme dans ses amoureux progrès, car l'amour veut du mystère, et les secrets de l'alcôve doivent être respectés ; seulement, nous terminerons ce chapitre avec prudence et discrétion, en disant, que le lendemain, à dix heures du matin, Folleville, le sourire sur les lèvres, s'échappait discrètement de la chambre de madame Dufresne.

II

Pourquoi un beau matin tout était-il bruyant et respirait-t-il un air de fête dans la demeure du fermier Renard, où chacun était en habit du dimanche? Pourquoi cette foule joyeuse accourue de deux lieues à la ronde ; ces coups de fusil, ces vivats, ces bouquets et surtout ces ménétriers, râclant sur leurs violons les airs les plus gais, les contredanses qui mettent les jeunes garçons et les jeunes filles en branle? C'est que ce jour-là était celui où se célébrait le mariage d'Angélique avec Darbel, à la grande satisfaction de chacun.

Dans une chambre, la plus belle de la ferme, se trouvaient réunis les principaux personnages de la fête, c'étaient le marié et la mariée, cette dernière parée du bouquet virginal, et belle, avec sa toilette blanche, comme la mère du Christ. Il y avait encore là mylord Hamilton Dawis, accouru tout exprès de Londres pour assister à l'union de sa fille, pour laquelle sa naissance n'était plus un secret ; puis Renard heureux du bonheur de sa fille adoptive et très satisfait du mari qu'il lui avait choisi.

On se disposait à partir pour la mairie, les violons en tête, et ce fut alors que Darbel s'approcha d'Angélique pour lui dire d'une voix douce et émue :

— Angélique, voilà l'instant suprême arrivé, mais il est encore temps de vous arrêter, s'il vous restait au cœur le moindre regret.

— Un regret, dites-vous, mon ami ? Est-ce qu'il est possible à une jeune fille d'en avoir le jour où elle épouse celui qu'elle aime et qu'elle jure d'aimer toute sa vie? répliqua Angélique en penchant sa belle tête sur l'épaule de Darbel, qui s'empressa d'y déposer un baiser.

— Merci, mon Angélique, vous qui avez daigné oublier pour ne plus aimer que moi, fit le jeune homme.

— Pourquoi me remercier d'une chose toute naturelle, celle d'avoir oublié un homme sans cœur pour donner le mien tout entier à celui qui réunit toutes les qualités les plus estimables... Oui, Darbel, je vous aime, je vous aime uniquement. A vous, je me donne volontairement, sans arrière-pensée de cœur ni d'âme, ainsi que vous vous donnez à moi.

Comme Angélique disait ces mots en

présence de Renard et du mylord, qui tous deux souriaient à ces doux aveux, entra madame Ragotin, toujours jaune, maigre et sèche, mais en grande toilette, pour annoncer aux jeunes gens que M. le maire, son époux, les attendait à la mairie, orné de son écharpe.

— A propos, observa la mairesse, est-ce que madame Brémond n'est pas invitée à la noce?

— Elle l'est, dame Ragotin ; à tout péché, miséricorde, répondit Renard.

— Alors, comment se fait-il qu'elle soit partie ce matin pour Orléans, afin de se rendre chez son notaire, sans doute afin d'y contracter un nouvel emprunt en faveur de son fils, un gaillard qui, dit-on, mène à Paris un train de prince, et ruinera sa mère si elle n'y prend garde, la chère femme !

Puis, s'adressant à Angélique :

— Ah ! cher amour, lui dit-elle, quelle chance vous avez eue de ne pas épouser ce garçon-là; un vaniteux, un bourreau d'argent !

— Dame Ragotin, laissons chacun agir à sa guise, sans nous en mêler, et ne faisons pas attendre votre mari plus longtemps.

—Le cortége se mit en marche au son des violons pour se rendre à la mairie où s'accomplit l'acte civil, puis ensuite, le chemin de l'église, où un vénérable pasteur s'em-

pressa de bénir l'union des jeunes époux.
De retour à la ferme, où un banquet splendide attendait les mariés et leurs amis, mylord Hamilton et Renard emmenèrent Darbel et Angélique dans une chambre où ils s'enfermèrent tous les quatre, et là, Hamilton prenant la main du marié :

— Darbel, lui dit-il, en acceptant pour votre femme Angélique, vous n'avez point reculé devant l'illégitimité de sa naissance, car, la possession d'une fille belle et sage était le seul sentiment qui remplissait votre cœur généreux.

— C'était ma seule ambition, monsieur, et, en l'accomplissant, vous avez fait de moi l'homme le plus heureux comme le plus reconnaissant, interrompit le jeune homme.

— Darbel, ce n'est point Angélique Renard que vous venez d'épouser, mais la fille de lord Hamilton Dawis, pair d'Angleterre, laquelle vous apporte momentanément en mariage une dot de huit cent mille francs, dont je vous remets le contrat en main, afin que vous puissiez toucher cette somme chez le banquier Rothschild, de Paris, où elle vous sera payée à présentation, reprit le lord en présentant le contrat à Darbel.

— Monsieur, c'est un honneur bien grand que celui d'être le gendre d'un personnage aussi distingué que vous, c'est une magnifique fortune que celle dont vous dotez ma femme, mais je suis enchanté que vous ne m'ayez révélé tous ces brillants avantages qu'après notre mariage, parce que l'amour que m'a inspiré ma chère Angélique ne pourra s'attribuer ni au calcul, ni à l'ambition, répliqua Darbel.

— Corbleu! loin de nous une semblable pensée, mon cher Darbel... Ça, maintenant que vous voilà riche, au diable le métier de fermier. Je loue ma ferme, et avec son produit je vais m'installer avec vous, à Paris, où, vous et votre femme, tâcherez de faire de moi un monsieur, s'il y a moyen. Quant à votre passion pour la culture, nous la satisferons ensemble, en cultivant le jardin de votre hôtel de Paris.

— Tout ce qui vous plaira, mon bon Renard, pourvu que nous y récoltions des fleurs, afin de les offrir à ma petite femme bien-aimée, répondit en riant le jeune homme en pressant la main du fermier, pour l'embrasser ensuite.

Huit jours plus tard, les portes de l'église de Saint-Thomas-d'Aquin, s'ouvraient silencieusement à minuit pour donner accès dans le temple à sept personnes qui venaient d'arriver en équipage. C'étaient Ferdinand Brémond et Flora d'Artigue qui, mariés dans la matinée à l'état civil, venaient consacrer leur union au pied de l'autel. Flora, pâle et tremblante, s'appuyait par moment sur le bras du duc de Crosy, lequel l'encourageait à achever avec fermeté ce que la jeune fille appelait un pénible sacrifice.

Flora, ainsi que notre fraîche et joyeuse mariée de campagne, la sage et belle Angélique, n'était parée ni de la robe blanche, ni du bouquet virginal ; sa toilette était de couleur sombre et sa chevelure cachée sous une capuche de soie. La sainte cérémonie faite sans pompe ni bruit, ne dura que fort peu de temps ; puis, unis devant Dieu, les deux époux furent reconduits jusqu'à leur voiture, où, contre l'usage ordinaire, la jeune mariée monta seule avec son mari, puis la portière se referma lorsque Ferdinand eut crié à ses gens :

— A l'hôtel, rue Joubert.

Se voyant en tête à-tête avec sa femme, Ferdinand se pencha tendrement sur elle, pour lui prendre une main que Flora retira vivement, au grand désappointement du jeune mari.

Le trajet s'acheva en silence de part et d'autre, et, lorsque les deux époux furent arrivés à leur nouvelle demeure, ce fut dans un salon, dont une multitude de bougies éclairaient les lambris dorés, qu'ils se dirigèrent d'abord, où Flora se laissa choir sur un fauteuil, les yeux mouillés de larmes.

— Qu'avez-vous, madame? s'informa vivement Ferdinand en voyant les larmes couler comme des perles sur les joues pâles de Flora.

— Je souffre, monsieur; veuillez, je vous prie, appeler ma femme de chambre, afin qu'elle me conduise à la chambre que vous me destinez dans cette maison.

— Cette maison est la vôtre, Flora, et votre chambre à coucher est la mienne.

— Monsieur, je veux, j'ai besoin d'être seule, reprit Flora d'un ton impérieux. Veuillez donc ne pas oublier, je vous prie, que je ne suis devenue votre femme que par contrainte et non guidée par le cœur, et qu'en dépit de la répugnance que m'inspirait cette union, et le peu d'estime que je vous témoignais, vous n'en avez pas moins persévéré à prendre pour femme la fille dont vous convoitiez la riche dotte le crédit de sa famille. Vous avez été bien lâche! avouez-le, monsieur.

— Pourquoi ces insultes, madame, et ces doutes outrageants? Enfin, pourquoi cette haine, ce mépris que vous me témoignez maintenant, et ne me l'avez-vous pas manifesté plus tôt, lorsque vous étiez libre, et qu'il vous était si facile de m'éloigner d'un mot? fit Ferdinand au comble de la surprise, et confondu par cette déception brutale et inattendue.

— Parce qu'une volonté plus forte que

la mienne me fermait la bouche; mais, tout être délicat, tout autre qu'un homme avide se serait vivement retiré devant les dédains que vous témoignaient mon silence et ma froideur; enfin, monsieur, parce que je ne vous aime pas et ne vous aimerai sans doute jamais !

— Ainsi, madame, lorsque, par amour pour vous, je n'ai pas reculé devant la tâche ridicule de donner mon nom à l'enfant dont vous allez être mère, lorsque, pour vous rendre l'honneur, j'ai fait le sacrifice de mon amour-propre, voilà la récompense que vous me réserviez ! Flora, vous me prodiguez l'injure, vous m'accusez de calcul, d'avidité, vous niez l'amour que vos charmes m'ont inspiré, mais je vous forcerai à me rendre justice, à m'estimer un jour, si ce n'est de m'aimer. Vous êtes libre, madame, de vous retirer dans votre appartement, sans craindre mon importunité, car je vous fais le serment de ne m'y présenter que le jour où il vous plaira de m'y faire appeler. Cela, dit avec dignité, Ferdinand, après avoir tiré le cordon d'une sonnette, au bruit de laquelle accourut une femme de chambre, se retira vivement sans que Flora n'eût prononcé un mot, ni fait un geste pour le retenir.

— Oh! cette femme, comme elle m'a traité! que d'audace et d'insolence, et combien la haine, le mépris qu'elle me témoigne seraient douloureux pour mon cœur, si je l'aimais... Va, va, fière femmelette, insulte, méprise, que m'importe ! Est-ce ton amour, tes caresses que j'ai ambitionnés ? Non, non ! mais une alliance avec ta puissante famille, mais tout l'or que tu m'apportes et celui dont tu hériteras un jour. Oh ! je n'hésiterai pas, en effet, à reconnaître pour mien cet enfant auquel tu vas donner le jour, cet enfant dont la naissance m'assure la possession de ta fortune, s'il te plaisait de quitter cette terre avant moi... Flora ! Flora ! tu es bien belle ! oh ! oui, bien belle ! Peut-être t'aurais-je aimé, tandis que, maintenant, je ne me sens plus que la force de et haïr !

Ce fut avec ces pensées que Ferdinand,

humilié, tremblant, se jeta sur son lit, où il passa la nuit sans sommeil et en proie au transport d'une douloureuse colère.

Ayant vu poindre le jour, notre nouveau marié, pâle et défait, se jeta en bas du lit, s'habilla seul, puis quitta sa chambre et son hôtel pour se jeter dans la rue, et marcher au hasard, la tête en feu et le cœur oppressé.

Il faisait ce matin-là un temps superbe; les rues étaient désertes, et Ferdinand qui, sans l'avoir désiré, avait atteint les boulevarts, marchait sans but, droit devant lui, l'esprit absorbé par les mille et une pensées qui embrasaient son cerveau, lorsqu'il fut se heurter dans une personne qui venait devant.

— Tiens, Ferdinand ! Où diable vas-tu d'aussi bon matin ?

— Ah ! c'est toi, Folleville ; mais où vas-tu toi-même ? moi, je me promène de par ordre de mon médecin, répondit Ferdinand.

—Moi, je sors de chez ma maîtresse qui, par prudence, me fait chaque matin déguerpir du lit et de sa demeure... Mais comme tu es pâle, défait ! Serais-tu malade, cher ami ?

— Oui, un peu souffrant ; mais cela ne sera rien.

—Ah ! tant mieux. Ça, quand le mariage, cher ?

— Mais je suis marié depuis huit jours, répondit Ferdinand.

— Comment, en sournois, sans m'en avoir prévenu ni invité à ta noce? dit Folleville du ton du reproche.

— Il m'a été imposé l'obligation d'agir ainsi, de me marier sans bruit.

— Ce que c'est que d'épouser une demoiselle de grande maison!... Ah ça! es-tu content et aimé de ta femme?

— Très content, très aimé, répliqua Ferdinand en souriant avec amertume.

—J'espère qu'il me sera au moins permis de faire connaissance avec ta compagne?

— Flora ne veut recevoir personne et se tient enfermée chez elle.

— Par exemple ! voilà une singulière idée ! C'est donc une petite sauvage que ta femme ?

— Une sauvage, en effet, mais que je compte apprivoiser.

— Quant à toi, j'espère qu'on peut aller te voir sans t'effaroucher ?

— Mon cher Folleville, je te recevrai toujours avec plaisir, mais dispense-moi de tes visites jusqu'à nouvel ordre. J'ai mes raisons pour cela.

— Ah ! c'est différent. On se gardera

d'aller vous déranger, monsieur Brémond, fit Adrien surpris et froissé.

— Ne m'en veux pas, Folleville ; un jour je t'expliquerai...

— Bien, bien ! Garde tes secrets, mon cher ; et, lorsqu'il te plaira de te souvenir de moi, tu me trouveras toujours disposé à te recevoir comme un ami... Maintenant, porte-toi mieux, sois heureux, et à revoir, monsieur Brémond, termina Adrien, pour continuer son chemin, sans que Ferdinand essayât de le retenir ni de se justifier.

Notre avocat, après avoir marché plusieurs heures sans s'arrêter, et brisé de fatigue, rentra chez lui à neuf heures et fut s'enfermer dans son cabinet, où, s'étant reposé une heure à peu près, il sonna un valet qu'il chargea d'aller s'informer de sa part de la santé de sa femme.

— Madame est sortie il y a environ deux heures, monsieur, dit le serviteur.

— Sortie!... A pied ou en voiture?

— En voiture de place, que madame a envoyé chercher.

— C'est bien ; retirez-vous.

— Sortie ! sans m'en prévenir, sans... Que m'importe! qu'elle aille, qu'elle vienne, fasse ce qui lui plaira, cette femme m'est trop indifférente pour que je daigne m'occuper de ses actions ni de ses démarches... Où peut-elle être?... Chez son oncle, sans doute... Si j'allais m'en assurer?... Non, ce serait lui faire croire que je m'intéresse à elle, que je l'aime, et m'attirer de sa part plus de dédain encore... Occupons-nous de nos affaires, de ma position, de la célébrité que j'ambitionne... Oui, m'élever haut, bien haut, et la forcer de m'admirer, d'être fière de moi, enfin, de s'humilier, de me demander grâce!

Ainsi pensait Ferdinand en s'efforçant d'étouffer le germe d'un amour qui prenait racine dans son cœur et qu'il refusait de s'avouer.

Ferdinand s'étant placé à son bureau, essayait vainement de jeter quelques lignes sur le papier, lorsqu'un valet lui apporta une lettre portant le timbre d'Orléans.

— De ma mère, que peut-elle m'écrire encore? fit-il en brisant le cachet.

« Cher enfant, c'est aujourd'hui que tu
« te maries loin de ta mère, puisque tu lui
« as interdit le plaisir d'être témoin de ton
« bonheur, ce qui fait, que le jour qui de-
« vait être le plus beau de ma vie, je le
« passe dans les larmes et l'ennui. C'est
« donc en l'espoir de faire trève un ins-
« tant à mon chagrin comme à mes re-
« grets, que je prends la plume pour cau-
« ser avec toi, te féliciter du riche et glo-
« rieux mariage que tu contractes en ce

« moment, et te souhaiter, mon enfant,
« ainsi qu'à ta jeune et belle compagne,
« tout le bonheur et la félicité possibles.
« Croiras-tu, mon Ferdinand, qu'il me
« passe aujourd'hui par la tête de singu-
« lières idées, celle, par exemple, de te
« soupçonner d'ingratitude et d'orgueil,
« de penser enfin que la crainte de rou-
« gir de ta mère, t'a seule empêché de
« l'appeler auprès de toi, pour qu'elle te
« donne sa bénédiction et assiste à ton
« mariage. Bon Dieu du ciel, ils sont donc
« bien fiers, ces gens, ces grands sei-
« gneurs auxquels tu t'allies pour qu'ils
« aient repoussé celle qui t'a donné le
« jour ? ah ! il n'en eût pas été de même si
« tu t'étais marié avec cette brave Angé-
« lique qui, toute fière de son père, le fer-

« mier Renard, marchait joyeuse à l'église
« son bras passé sous le sien; aussi, quelle
« noce! que d'allégresse! combien ton
« bon ami Darbel, quoique n'épousant
« qu'une simple paysanne, paraissait fier
« et content. Comme tout le village le féli-
« citait avec empressement. C'était une
« joie générale et il n'y avait que moi de
« triste dans le pays ce jour-là, aussi, me
« suis-je sauvée à Orléans, afin de ne pas
« être témoin de toutes ces choses qui me
« rappelaient que mon fils se marierait
« aussi huit jours plus tard, et qu'il m'était
« défendu d'assister à ses noces, de par-
« tager son bonheur. Enfin, s'il en a été
« ainsi, mon Ferdinand, ce n'est point ta
« faute, à ce que tu m'as écrit, c'est que la
« volonté des orgueilleux parents de ta

« future l'exigeaient et qu'il t'a fallu cé-
« der à une volonté plus forte que la
« tienne.

« Quand tu recevras ma lettre, tu seras
« devenu le mari d'une très belle et grande
« demoiselle, bien douce, bien sage et qui
« doit bien t'aimer, puisque l'amour qu'elle
« ressent pour toi l'aura décidée à sacrifier
« sa noblesse en devenant la femme d'un
« roturier.

« Ferdinand, je meurs d'envie d'embras-
« ser ma chère petite bru : hâte-toi donc
« de me procurer cette douce satisfaction
« en m'appelant au plus vite auprès de
« toi, auprès d'elle, que j'aime déjà sans la
« connaître.

« Maintenant, je te dirai que j'ai été voir
« notre notaire et qu'il m'a promis les fonds
« dont tu dis avoir besoin pour la fin du
« mois courant. Ferdinand, grâce à tes
« emprunts réitérés, voilà nos terres hy-
« pothéquées pour une somme de cent
« vingt mille francs et de gros intérêts à
« payer: aussi, mon enfant, ne puis-je trop
« te recommander de m'envoyer cette
« somme, aussitôt que tu auras touché la
« dot de ta femme, car j'ai hâte de libé-
« rer notre bien en acquittant cette énorme
« dette qui me pèse et fait jaser tous les
« gens du village qui ignorent encore le
« brillant mariage que tu vas faire et se
« demandent curieusement à quoi tu
« penses employer autant d'argent. Mais,
« c'est assez t'en dire et peut-être te rete-

« nir loin de ta petite femme, à déchiffrer
« mon griffonnage ; or, je termine en te
« réitérant les bons souhaits que je forme
« pour ton bonheur, et te dis à bientôt.
« Ta mère qui t'aime, et t'embrasse ainsi
« que ta jolie femme. »

Ainsi disait la lettre de la fermière, que Ferdinand s'empressa de parcourir pour la placer ensuite dans un tiroir de son bureau.

— Madame est-elle rentrée ? s'informait ce dernier, deux heures plus tard à la femme de chambre de Flora.

— Non, monsieur.

— Cela suffit ! dites qu'on attèle, je veux sortir.

Un quart d'heure après avoir donné cet ordre, Ferdinand roulait vers le faubourg Saint-Germain, pour se rendre chez le duc de Crosy, lequel l'accueillit avec tout l'empressement et l'affabilité d'un raffiné courtisan.

— Eh bien, beau neveu, êtes-vous satisfait? s'informa le grand seigneur le sourire sur les lèvres.

— Monsieur le duc je ne vous cacherai pas que jusqu'alors mon bonheur est fort incomplet, répondit Ferdinand en souriant.

— Quoi! déjà, vous vous plaignez, mon ami.

— Je ne fais que de répondre à votre demande, monsieur.

— Est-ce que Flora aurait opposé la froideur à vos tendres désirs?

— En pareille occurrence, monsieur, j'aurais mauvaise grâce de me fâcher, car ce n'est pas le premier jour qu'un mari comme moi, surtout, doit se montrer exigeant envers une jeune fille de noble naissance, et qui le connaît à peine. Flora a manifesté le désir de passer la nuit seule et en paix, j'ai cru qu'il était du devoir d'un bon mari de céder à ce caprice de jeune fille, peu soucieuse des caresses d'un homme, auquel son cœur et sa confiance ne se sont pas encore donnés.

— Vous êtes honnête et délicat, monsieur, et je me félicite du choix que j'ai fait de vous pour l'époux de ma nièce. Ferdinand, prenez patience, Flora, vaincue par vos bons procédés à son égard, finira par vous rendre justice et vous aimer.

— M'aimer! hélas! pensez-vous, monsieur, que je puisse jamais inspirer ce tendre sentiment à votre nièce, qui, hier soir, quand nous fûmes seuls, a été cruelle envers moi, lorsque ni mes paroles, ni mes actions ne nécessitaient autant d'injustice et de sévérité de sa part. Enfin, caprice de femme! n'en parlons plus et espérons un avenir plus amical.

— Je vous promets, mon ami, de parler à Flora, de la gronder sur sa conduite.

— Non, monsieur le duc, ne lui en dites rien, car ce serait un motif de plus pour augmenter le haine et le mépris qu'elle m'a témoigné.

— La haine, le mépris! allons donc, de semblables sentiments ne peuvent exister dans le cœur de Flora, surtout à votre égard, Ferdinand.

— Pourquoi pas? Un mari imposé par la nécessité n'est jamais le bienvenu, répliqua le jeune homme.

— Mon neveu, avez-vous jamais entendu dire qu'une femme enceinte prenait quelquefois, sans motif aucun, des gens en aversion?

— En effet, monsieur.

— Alors, qui nous dit que Flora n'est pas en ce moment sous l'influence de ce bizarre caprice, qui s'effacera dans quelques mois.

— Cela peut-être, monsieur le duc, attendons et nous verrons.

— Ah ça! changons de thèse, et apprenez qu'aujourd'hui même, je me propose de m'occuper de vous, de parler au ministre, au sujet d'une vacance qui doit s'opérer sous peu dans le conseil d'État, et que mon intention est de vous poser en candidat, enfin d'appuyer votre nomination.

— Combien je vous sais gré de cette bienveillance, monsieur.

— Ferdinand, je ne m'arrêterai pas là,

je vous ai promis de vous pousser loin, très loin, et secondé par votre mérite personnel, je réussirai, j'en ai l'assurance. Quant à Flora, soyez patient, indulgent envers ses caprices d'enfant gâté et tout ira pour le mieux. Maintenant, permettez-moi de vous congédier le plus poliment possible, et cela dans l'intérêt de votre position à venir pour laquelle j'ai de nombreuses démarches à faire aujourd'hui et demain sans doute.

— Monsieur le duc, croyez à la sincérité de ma reconnaissance, fit Brémond en se levant pour prendre congé du seigneur qui poussa la politesse jusqu'à le reconduire au pied de l'escalier.

— Bastien ! lorsque cet homme se représentera ici, à moins que je ne vous aie donné un ordre contraire, vous aurez soin de lui dire que je n'y suis pas. Ah! encore, s'il vous demandait si sa femme vient souvent ici, répondez que vous ne la voyez que très rarement.

— Il suffit, monsieur le duc, répliqua en riant sous cape le valet, auquel le seigneur venait de donner ces ordres.

Alphonse de Crosy rentra dans sa chambre, où il trouva Flora pensive sur un fauteuil.

— Eh bien, tu as entendu, Flora ; conviens que ce Ferdinand est au fond un bon diable rempli de très bonnes intentions à ton égard. Enfin, un mari que tu mènerais par le bout du nez, si tu daignais avoir pour lui un tantinet de gracieuseté.

— N'espérez pas, Alphonse, que je puisse jamais aimer cet homme, quand mon cœur est tout à un autre, à vous que j'aime et pourtant que je devrais haïr, vous qui, oncle et tuteur infidèle, avez abusé de ma jeunesse, de mon inexpérience pour me déshonorer, vous qui marié, ne pouvez me rendre l'honneur, et pour couvrir votre faute, en éviter la honte et le châtiment, venez de m'enchaîner à un homme que je ne connais pas, à un misérable, auquel une ambition méprisable a fait accepter la responsabilité du fruit de votre propre crime. Alphonse, si par amour, par dévouement à votre personne, je me suis imposée le sacrifice d'être la femme d'un autre que de vous, n'en exigez pas davantage, ne me contraignez pas à vivre avec ce Brémond, ce paysan enrichi, qui en m'épousant sans m'aimer ni m'estimer, n'a eu d'autres motifs que d'augmenter sa fortune par la possession de ma dot, et de s'assurer en vous un puissant protecteur.

— Voyons, Flora, pas d'exaltation, et raisonnons sagement : Brémond, en cette circonstance, n'a fait que d'agir comme tous ses semblables, car tous les hommes aiment l'argent et les honneurs. Dites-moi quel est le plus mince bourgeois qui consentirait aujourd'hui à épouser une fille sans dot? Il n'en existe pas ou du moins très peu. Ton mari est ambitieux, dis-tu, mais c'est le fait des grandes âmes, des hommes de cœur et de courage qui cherchent à s'élever hors de la sphère étroite où les a placé le hasard de la naissance. Du côté du physique, la nature a traité Ferdinand en enfant gâté, et les plus jolies femmes envieraient son hommage. Or, concluons, quand une fille comme toi, a pour mari, un homme d'esprit, ambitieux de se créer un nom, joli garçon, tout disposé à lui rendre amour pour amour, et qui possède par lui-même quelque fortune, ladite jeune fille a très mauvaise grâce de se plaindre, et surtout de s'entêter à vouloir donner la préférence à un coupable tel que moi, à un homme déjà mûri par l'âge, mais qui n'en est pas plus raisonnable ; ainsi donc, mon avis et ma volonté, chère nièce, sont que dorénavant, toutes liaisons amoureuses cessent entre nous, que nous tirions le rideau sur le passé, qu'il n'en soit plus question enfin, que vous restiez dans votre ménage comme doit le faire toute femme honnête qui désire conserver ou conquérir l'estime de son mari et du monde entier.

— Ainsi, vous ne m'aimez plus et me conseillez d'en faire de même à votre égard ; ainsi, vous m'éloignez de vous, fit Flora pâle et tremblante.

— Flora, nous avons de grands torts sur la conscience, je fus le premier coupable, j'en conviens ; mais comme il est toujours temps de se repentir, faisons en sorte, ma chère enfant, de racheter nos péchés par une sage conduite, et en remplissant désormais les devoirs que nous imposent Dieu, la probité et le monde. Flora, je te défends de revenir chez moi sans y être accompagnée de ton mari, et te conjure, en faveur de ton bonheur, de ta réputation et de ton repos, de rentrer à l'instant même dans ton ménage, d'où ton absence doit inquiéter ton mari.

—Ainsi, tel est votre dernier mot? Vous ne m'aimez plus et vous m'interdissez votre présence, l'entrée de votre maison? dit Flora en quittant son siége.

— Je veux que nous soyons prudents et

sages. Tâchez donc de me comprendre, madame ! fit le duc avec l'accent de la colère.

— Je vous ai compris, monsieur... Adieu ! termina Flora en portant son mouchoir à ses yeux pour cacher les larmes qui les débordaient, Flora qui, sans plus en dire, s'éloigna d'un pas rapide et quitta l'hôtel pour monter en voiture et retourner chez son mari, où elle s'enferma dans sa chambre à coucher, après avoir dit à sa femme de chambre qu'elle n'y était pour personne.

III

— Bonjour, cher oncle, bonjour, chère tante, bonjour, ma chère Constance ! disait Folleville tout guilleret et d'un petit ton délibéré, en entrant à deux heures de l'après-midi chez les Fromageo, qu'il trouvait rassemblés dans leur salon, lesquels l'accueillaient avec froideur, après une absence de trois semaines.

— Pourrait-on savoir, monsieur mon neveu, d'où vous sortez, depuis un siècle qu'on ne vous a vu ni entendu parler de vous? interrogea la tante d'une voix sévère.

— J'arrive d'Orléans, mes chers parents, où m'ont appelé des affaires de la plus haute importance, où il m'a fallu passer trois semaines en la société des avoués, huissiers, avocats, que sais-je?

— Il me semble, mon cousin, que, avant de partir, vous eussiez dû nous prévenir et nous faire vos adieux; ainsi, ce me semble, l'exigeaient la politesse et les égards que vous devez à mon père, ainsi qu'à ma mère, observa Constance d'un petit ton sec et en pinçant les lèvres.

— Telle était mon intention, ma chère Constance, mais le temps m'a manqué. La lettre qui m'appelait à Orléans était si pressante, que je n'ai eu que le temps de me jeter dans un wagon du chemin de fer.

—Étais-tu aussi tant occupé là-bas, que tu n'aies pu trouver le temps de nous écrire? demanda à son tour l'ex-confiseur qui, jusqu'alors, n'avait pas ouvert la bouche ni levé les yeux de dessus le journal qu'il lisait.

— Je vous ai écrit, mon oncle, plusieurs fois même, et si vous n'avez pas reçu mes lettres, c'est qu'apparamment elles se seront égarées en route.

— Heureusement que durant votre absence nous n'avons pas manqué de compagnie, grâce à mon neveu le marin, qui vient chaque jour distraire votre oncle par le récit de ses voyages, et égayer votre future en faisant de la musique avec elle, et en lui chantant des romances de sa composition, reprit madame Fromageo.

— Ah! ce cher cousin, combien je lui sais gré de cette complaisance. Mais, me voilà de retour et tout disposé à me joindre à lui pour charmer vos loisirs, mes bons parents, dit Adrien tout en s'asseyant auprès de Constance, en l'espoir de presser une main que la jolie fille retira vivement. Hélas! seriez-vous fâchée contre moi, chère Constance ? Contre moi, qui vous aime plus que la vie et brûle du désir d'être votre époux.

Paroles que Constance laissa sans réponse, même sans lever les yeux de dessus sa tapisserie pour les porter sur l'infidèle Folleville.

— Oh! tu as beau faire, mon pauvre garçon, Constance t'en veut et te garde rancune, dit M. Fromageo.

— L'enfant a raison : qu'est-ce qu'un amoureux qui, au lieu d'être empressé et aux petits soins auprès de sa future, ne fait que de paraître un instant, pour disparaître ensuite durant un mois entier, observa la tante.

— Ma tante, au nom du ciel, ne m'accablez pas de vos injustes reproches. Cher oncle, soyez mon soutien, mon défenseur! Et vous, mon adorée cousine, ma bien-aimée, ma chère petite femme, cessez de me désespérer par cette indifférence, cette froideur injuste s'écria le jeune homme en tombant aux genoux de Constance.

— Relevez-vous, mon cousin, je ne vous en veux pas, fit la jeune fille avec calme.

— Constance, vous êtes un ange dont je ne veux plus me séparer, aux pieds duquel on me verra désormais en adoration du matin jusqu'au soir!

— Oh! ne vous avisez pas de cela, mon cousin, ce serait par trop fatiguant pour vous et gênant pour moi, dit en souriant Constance.

— Allons, pardonnons aussi; car enfin, si ce cher garçon a été forcé de s'absenter pour ses affaires, nous aurions tort de lui en vouloir, fit l'ex-confiseur.

— Cette fois, monsieur le coureur, peut-on se fier à votre parole?

— Comme à celle de l'Évangile, ma chère tante, répondit Folleville avec aplomb.

Cette réconciliation du jeune homme avec l'oncle et la tante était à peine terminée, que le neveu le marin se présenta, les lèvres armées d'un sourire, qui s'effaça aussitôt lorsqu'il eut aperçu Folleville près de Constance.

— Le voilà retrouvé, comme vous voyez, ce coureur qui nous a donné tant d'inquiétude, fit l'ex-confiseur en s'adressant au neveu de sa femme et en lui indiquant Folleville, qui s'était levé pour le saluer.

— Et auquel nous sommes assez faibles de pardonner ses escapades et son indifférence, excepté Constance qui, quoiqu'elle en dise, lui garde encore rancune, ce que je devine à son air sérieux, fit la tante à son tour.

Folleville, que le plaisir appelait ailleurs, aurait bien voulu s'esquiver ; mais, craignant de fâcher sérieusement les bonnes gens, il se résigna, quoiqu'à regret, à leur consacrer le reste de cette journée, qu'il employa à faire plus ample connaissance avec l'aspirant.

Dix heures du soir sonnaient comme les deux jeunes gens prenaient congé de leurs parents pour partir ensemble, après avoir l'un et l'autre annoncé leur visite pour le lendemain.

Ce fut dans un café du boulevart que se refugièrent Folleville et l'aspirant de marine, où, assis en face l'un de l'autre et le cigare aux lèvres, qu'ils entamèrent une longue conversation, dont les plaisirs de la capitale, les théâtres et les femmes surtout, servirent de thème.

— Cousin, dit l'aspirant, vous me faites l'effet d'être un profond adorateur de ce sexe intéressant, intitulé la femme, et cause sans doute des fréquentes absences dont se plaignent nos chers parents.

— Vous croyez? Quoi vous fait supposer cela? demanda Folleville.

— Le feu qui brille dans vos yeux, l'animation de votre voix lorsque vous parlez de cette charmante moitié du genre humain.

— Eh bien, vous avez deviné. J'avoue avoir un faible très prononcé pour les dames.

— Et il va sans dire qu'elles vous tiennent compte de ce culte fervent que vous professez pour leurs charmes? reprit insidieusement l'aspirant, car vous possédez les avantages indispensables à un heureux séducteur... Je suis sûr que vous devez avoir une maîtresse adorable?

— Adorable, c'est le mot! répliqua l'imprudent Folleville, enchanté de se faire valoir. Une des plus jolies femmes de Paris, qui, à ses nombreux charmes, réunit une grâce enchanteresse, beaucoup d'esprit, un ton exquis et les avantages de la fortune, ajouta-t-il d'un petit air conquérant.

— Sambleu ! vous êtes un heureux mortel, cousin ! et je vous avouerai que, si comme vous j'étais favorisé en amour, possesseur d'une maîtresse pareille, je me garderais fort de m'enchaîner dans les liens maussades du mariage.

— Aussi me dispenserais-je volontiers de cet esclavage, si je n'éprouvais un sincère attachement pour ma cousine Constance, et si cette union n'était depuis longtemps convenue entre nos familles.

— Je comprends votre délicatesse, mais je tiens à mon dire : je ne me marierais pas si, comme vous, j'étais heureux auprès des femmes, si je possédais une maîtresse qui, tout à la fois, fût mon bonheur et mon orgueil... En quel lieu habite cette divinité, sans doute la Chaussée-d'Antin?

— Non, la rue Neuve-des-Capucines, fit Folleville.

— Où sans doute vous vous rendez chaque soir, pour n'en sortir que le lendemain, heureux mauvais sujet?

— Comme vous dites. Dieu! si l'oncle et la tante apprenaient jamais cela! comme ils me congédieraient lestement; et pourtant tout cela est dans l'intérêt de ma chère Constance : car, si je fais aujourd'hui la vie de garçon, c'est en l'intention d'être sage comme une image quand je serai son mari.

La conversation des deux jeunes gens se prolongea ainsi jusqu'à minuit, heure à laquelle ils se séparèrent : l'aspirant de marine, pour rentrer dans l'hôtel garni où il avait pris domicile dès son arrivée à Paris, et Folleville, pour se rendre rue Neuve-des-Capucines, chez la belle Alice Dufresne, sa maîtresse.

— Madame est fort indisposée, elle dort; avant de se mettre au lit, elle m'a chargée de vous dire, monsieur, qu'elle vous priait de ne pas troubler son repos ce soir, d'aller passer cette nuit chez vous, et de vous prévenir qu'elle vous attend demain matin pour la mener déjeûner à la campagne, disait la femme de chambre intime d'Alice à Folleville, dont elle attendait la venue sur le carré, au moment où le jeune homme franchissait la dernière marche de l'escalier de service par où il avait l'habitude de se rendre chez sa maîtresse, afin d'éviter d'être vu des autres serviteurs de la dame.

— Elle est indisposée? raison de plus, Mariette, pour que je la voie, cette chère bien-aimée, répondait Folleville en se disposant à mettre dans la serrure une clé qu'il venait de tirer de sa poche.

— Non, monsieur, n'entrez pas, je vous

en conjure ; vous me feriez gronder, et ma maîtresse se fâcherait même avec vous. Lorsqu'elle a ses migraines, elle est fort irritable, je vous en préviens, reprit la chambrière en se plaçant entre la porte et Folleville.

— Mariette, vous m'impatientez, ma chère. Je veux voir votre maîtresse, ne fusse qu'une seconde, pour me retirer ensuite.

— Et moi, monsieur, qui suis esclave de ma consigne, je vous dis que vous n'entrerez pas, disait Mariette d'un ton décidé; Mariette, que Folleville irrité, écarta brusquement pour entrer dans l'appartement, suivi de la femme de chambre qui s'efforçait de le retenir en se cramponnant après lui.

Avant de laisser notre jeune homme pénétrer plus avant, disons un mot de ce qui s'était passé, dans la soirée, chez la belle Alice Dufresne.

Cette jolie femme, devenue la maîtresse de Folleville, à qui elle s'était attachée sincèrement, mais pas assez cependant pour lui sacrifier le riche amant qui, aux dépens de sa bourse, entretenait son luxe et lui permettait d'entasser rente sur rente; Alice donc, dans la soirée et en l'attente de son ami de cœur, ainsi désignait-elle Adrien, s'occupait seulette de la confection d'un joli rien nécessaire à sa toilette, lorsqu'un valet, qu'elle avait oublié de prévenir qu'elle ne recevait pas ce soir-là, entra pour lui annoncer M. le duc de Crosy; et, comme elle ne pouvait renvoyer ce riche seigneur, auquel elle était redevable, en grande partie, de la fortune qu'elle possédait, elle consentit à le recevoir, mais non sans avoir auparavant, donné la consigne à sa femme de chambre d'éloigner Folleville s'il se présentait avant que le duc ne fût parti.

— Sambleu! ma belle, que de mystère et de façon pour pénétrer jusqu'à vous. Savez-vous que vous frisez l'impertinence, en osant faire faire antichambre à un homme de mon rang, à un amant fidèle et généreux, dit le seigneur en se présentant.

— Ça, cher duc, plaisantez-vous en m'adressant un semblable reproche, sans avoir accordé à une femme, qui est chez elle et n'attend aucune visite, surtout à onze heures du soir, le temps de réparer le désordre de sa toilette? Tenez, vous êtes un orgueilleux tyran, un despote, qui ignorez même qu'une femme, telle jolie qu'elle soit, doit toujours éviter de se montrer en négligé à l'amant qu'elle veut retenir dans ses chaînes. Maintenant, trève aux reproches et hâtez-vous de m'apprendre à quel heureux hasard je suis redevable de votre présence à une heure, où vous n'avez guère l'habitude d'en gratifier votre servante.

— Je m'ennuyais ce soir, ma chère, et fatigué d'avoir politiqué la journée entière, je n'ai rien trouvé de plus charmant que de venir me délasser auprès de toi, répliqua le duc en s'asseyant sur le même divan que la dame, dont il s'empressa d'entourer la taille d'un bras amoureux.

— Ah ça! cher, vous avez donc décidément marié votre nièce?

— Dieu merci!

— Vous avez bien fait Alphonse, cela mettra peut-être fin aux mauvais bruits qui courent dans le monde, sur votre compte et sur celui de la chère fille.

— De grâce, dites de quelle nature sont ces bruits, ma mignonne? demanda le duc.

— Faut-il vous le dire, Alphonse?

— Certes!

— Quant à moi, je les déclare faux et infâmes!

— Holà! la chose est grave à ce qu'il paraît, allons, explique-toi.

— Mon cher, on dit en tout lieu, que votre nièce Flora n'est rien moins que votre maîtresse, et que la pauvre innocente est enceinte de vos œuvres, que pensez-vous de ces calomnies, fit Alice en fixant le duc qu'elle vit rougir.

— Le monde est bien méchant, ma chère, se contenta de répondre le seigneur, tout en sortant un écrin de sa poche, pour le poser sur les genoux de la dame.

— Qu'est-ce que cela, cher ami?

— Une parure de brillants, pour payer l'hospitalité que tu vas m'accorder cette nuit.

— Vous la payez trop magnifiquement, monseigneur, pour craindre un refus, répondit Alice, en penchant câlinement sa belle tête, qui appelait le baiser sur l'épaule du duc, qui ne la fit pas attendre longtemps.

Revenons à Folleville, que nous avons laissé aux prises avec Mariette, dont il s'était débarrassée, après l'avoir poussée et enfermée sous clé, dans une chambre, puis, libre d'agir sans contrainte, notre jeune homme avait traversé d'un pas silencieux et à tâton, les autres pièces qui devaient le conduire à la chambre à coucher de sa belle maîtresse, et comme il allait en ouvrir doucement la porte, grande fut sa surprise, d'y entendre les sons d'une voix masculine.

— Diable! diable! je sais maintenant quelle sorte d'indisposition empêche mon infidèle de me recevoir. Eh mais! c'est le duc de Crosy, le riche pourvoyeur, celui qui paie, tandis que moi... Cachons-nous, jusqu'à ce qu'il lui plaise de me céder la place, en dépit de la félicité que j'éprouverais à rosser ce puissant rival.

En disant ainsi, Folleville s'éloignait de la porte de la chambre, en l'intention de se cacher derrière quelque meuble, lorsqu'il fut se heurter dans une table, chargée de porcelaine et de chinoiseries, laquelle bascula avec un bruit effroyable, lequel attira aussitôt le duc et Alice, chacun une bougie à la main.

— Qui diable a pu renverser cette table? demanda le seigneur, en voyant la chambre déserte.

— Quel malheur! mes porcelaines du Japon et de Sèvres! disait Alice désolée, en contemplant le dégât.

— Décidément, cette table n'a pu se renverser toute seule, et il faut que quelqu'un l'ait heurtée. Un indiscret peut-être, qui nous écoutait à cette porte, disait le duc, en cherchant dans la chambre, derrière les meubles et les rideaux, où il finit par découvrir Folleville, qu'il reconnut aussitôt, pour l'avoir vu à la soirée qu'avait donnée Alice.

— Que faites-vous ici, monsieur? s'écria le seigneur, tout en fixant sur Alice, tremblante et surprise, un regard furieux.

— Je me promenais dans ce salon, monsieur le duc, en attendant qu'il vous plût de me céder la place, ayant à causer avec madame, chez laquelle ce soir je me suis introduit secrètement, dans l'espoir de l'attendrir, en faveur de l'amour qu'elle m'inspire, et auquel la cruelle tient rigueur, répondit Folleville avec calme, et le sourire sur les lèvres.

— Vous mentez, monsieur, vous êtes un voleur ou l'amant de cette femme, choisissez donc, d'être l'un ou l'autre à mes yeux.

— Monsieur le duc de Crosy, je prends avant tout, la liberté de vous faire observer, que vous venez de me donner un démenti, fort humiliant pour moi, en présence d'une dame dont je sollicite les bonnes grâces; quant à la qualité de larron, dont vous daignez me gratifier, permettez-moi d'en rire.

— Alors, vous êtes donc l'amant de cette perfide?

— Monsieur, je m'en tiens au démenti, et refuse de vous répondre, avant que vous ne m'ayez demandé excuse de votre impertinence.

— Je n'ai qu'une intention, monsieur, celle de vous châtier, comme le mérite votre audace.

— Volontiers, monsieur le duc ; quelles sont vos armes ? mais je dois d'avance vous prévenir, que je suis roturier.

— Un duel avec vous ? fit le duc avec mépris.

— Pourquoi pas ? je vous crois trop homme d'esprit, pour être imbu de ce sot et gothique préjugé, qui faisait qu'autrefois, les gens de noblesse refusaient de croiser le fer avec celui que le hasard n'avait point ennobli.

— Allons, vous êtes un homme de cœur et d'esprit, et le seul tort que vous ayez à mes yeux, est d'être mon rival, et moi votre dupe. Je consens à me battre avec vous.

— Je dois encore vous prévenir, monsieur le duc, que je suis d'une force sans égale à l'épée comme au pistolet, et que j'ai grand'peur de vous tuer, ce qui serait une perte pour la diplomatie, dont vous êtes un des membres les plus capables.

— Vous raillez-vous de moi, monsieur ?

—Non, monsieur le duc, je vous préviens, voilà tout.

— Votre heure, et le lieu, monsieur?

— C'est à vous que je laisse le choix.

— Alors, à huit heures, et au bois de Meudon, répliqua le duc.

— J'y serai, monsieur.

— Ainsi, vous allez être assez enfants d'exposer votre existence pour mes charmes? En vérité, vous êtes bien bons, messieurs. Croyez-moi, renoncez à ferrailler en ma faveur, une infidèle, cher duc, n'en vaut pas la peine.

— Or donc, vous avouez que vous aimez

monsieur? dit le seigneur avec colère et dépit.

— J'avoue qu'en me laissant faire la cour par lui, rien qu'en l'intention d'éveiller votre jalousie, en l'espoir enfin de raviver un amour, qui commençait à s'endormir, je me suis laissé prendre dans mes propres filets. Cela prouve, cher duc, qu'il ne faut jamais jouer avec le feu, répondit Alice.

— Je vous avouerai de même, monsieur le duc, qu'ayant écouté l'entretien, que vous eûtes avec madame dans certain petit salon bleu, lequel entretien, m'ayant révélé la ruse de madame, que piqué au vif, j'ai essayé de me venger, en la forçant de répondre à un amour dont elle s'était joué.

— Et le plus doux triomphe a couronné votre entreprise ? demanda le duc avec dépit.

— Je n'affirme pas cela, monsieur, répliqua Folleville.

— Mais moi, je l'affirme, et vous en demande raison, dit le seigneur.

— Prenez garde, messieurs, ma réputation de femme à la mode est assez répandue, sans qu'il soit besoin de la grandir encore en vous battant pour mes beaux yeux ; ensuite, j'aime à conserver mes amis vivants. Or, pas de duel, pas de sang, je vous en conjure, fit la dame d'un ton suppliant.

— Comme nous n'avons l'intention, je pense, de céder ici la place ni à l'un ni à l'autre, partons ensemble, monsieur le duc, proposa Folleville.

— Libre à vous de partir, si tel est votre bon plaisir, quant à moi, je reste, répondit le seigneur en se jetant dans un fauteuil.

— Moi de même, fit Adrien, en imitant le duc.

Alice voyant cela, sonna sa femme de chambre.

— N'appelez pas votre chambrière, madame, car elle ne viendra pas, l'ayant moi-même enfermée sous clé, dans votre petit salon bleu, en punition de ce qu'elle s'opposait à ce que je parvinsse jusqu'à vous, dit en riant Folleville.

— Alors, messieurs, comme elle est la seule de mes serviteurs qui ne soit pas couchée, permettez-moi d'aller la délivrer, afin qu'elle allume les bougies, et vous serve le thé, puisqu'il m'est réservé l'honneur de vous conserver jusqu'au jour.

Ayant dit, Alice quitta le salon.

— Il m'est d'avis, monsieur le duc, que nous ferions sagement de profiter de l'absence de notre jolie pomme de discorde, pour quitter sa demeure, et aller chacun de notre côté, nous préparer pour notre rencontre au bois.

— Volontiers! répondit le duc en se levant.

Les rivaux s'empressèrent de s'éloigner, puis tous deux, dans la rue :

— Ça voyons, consentez-vous à ne plus revoir Alice? et je renonce à vous tuer, proposa le duc.

— Je vous pose la même question, monsieur?

— Je refuse, car cette femme me coûte assez cher pour que je tienne à la garder, reprit monsieur de Crosy.

— Moi, elle me plaît trop pour vous la céder en toute propriété.

— Réfléchissez que si vous êtes riche, Alice vous ruinera, cette femme est un puits que tout l'or du monde ne saurait combler.

— Il est impossible qu'elle me ruine jamais, n'ayant à mettre à son service que mes hommages et mon cœur.

— Décidément, je vois qu'il n'y a nul moyen de vous faire entendre raison ; alors notre duel est inévitable. Risquer sa vie pour une lorette, c'est y tenir peu.

— Ici, monseur le duc, je pense que l'amour-propre et l'obstination sont plus en cause que la femme.

— Ce que vous dites est assez juste, car ni vous ni moi n'aimons et n'estimons assez Alice Dufresne pour nous sacrifier en sa faveur. Acceptons donc notre querelle comme vous l'entenderez...

— En la corroborant, surtout, du démenti que vous m'avez jeté à la face, dit Adrien.

— Soit! et au revoir dans six heures, au bois de Meudon, reprit le duc en se séparant brusquement du jeune homme, pour remonter dans son équipage qui l'attendait à quelque distance de la porte d'Alice.

— Fichtre ! me battre avec un duc ! rien que ça de genre. S'il ne me tue, cela va drôlement me poser dans l'esprit et le cœur des femmes, se disait Folleville en regagnant pédestrement sa demeure où, étant arrivé sans encombre et tout en sifflotant un gai refrain, il se mit à visiter ses pistolets, puis ensuite, à polir la lame de son épée dont la poussière avait terni l'éclat. Cette besogne faite, Folleville se jeta tout habillé sur son lit, où il tarda peu à s'endormir d'un sommeil profond, auquel vint l'arracher, à six heures du matin, le garçon de l'hôtel, auquel, en rentrant, il en avait donné l'ordre.

Notre jeune homme, après s'être détiré afin de rendre la flexibilité à ses membres et de rétablir la circulation du sang, sortit de chez lui avec armes et bagages, pour monter en voiture et se faire d'abord conduire chez son cousin par alliance, l'aspirant de marine, afin de lui proposer d'être son témoin, service que ce dernier consentit vivement à lui rendre.

— Mon cher, c'est avec un duc, un grand seigneur, que je vais me mesurer, rien que cela ; un drôle qui n'a rien moins que la prétention de vouloir me souffler ma belle maîtresse, Alice Dufresne, dont je vous ai parlé hier, et qui a osé tenter de pénétrer cette nuit chez elle, où nous nous sommes trouvés en présence. Ainsi, disait Folleville au jeune marin, tout en roulant vers Meudon. A propos, continua-t-il, si je succombe, rendez-moi un nouveau service, mon cher ami, celui de consoler Constance de ma perte, et même de l'épouser à ma place; ce que promit l'aspirant de marine du meilleur cœur possible.

Depuis plus d'une heure nos deux jeunes gens se promenaient à la porte du bois, celle située au village de Meudon, et, quoiqu'il fût neuf heures passées, celui qu'ils attendaient ne s'était pa encore présenté.

— Ce duc serait-il un homme sans courage, un fanfaron capable de reculer devant une affaire d'honneur? disait Folleville impatienté, lorsqu'un valet en livrée, qu'il reconnut pour appartenir à Alice, s'approcha pour lui remettre une lettre de la part de sa maîtresse, et se retira aussitôt sans attendre de réponse.

— Que signifie tout cela? demanda le jeune homme tout en brisant le cachet pour lire à voix basse ce qui suit, tracé de la main d'Alice :

« Mon cher Folleville, après avoir sé-
« rieusement réfléchi, j'ai conclu qu'il y
« aurait cruauté à vous laisser battre avec
« le duc de Crosy, d'exposer ainsi les jours
« d'un jeune homme de votre âge, et qu'il
« y aurait de plus, sottise de ma part,
« à sacrifier un amant aussi généreux
« que ce cher duc, auquel je suis rede-
« vable d'une grande partie de ma for-

« tune. Or, décidée à empêcher ce duel
« entre rivaux, je me suis empressé d'é-
« crire à M. de Crosy que, rendant jus-
« tice à ses droits d'ancienneté sur mon
« cœur et ma personne, vous consentiez
« à lui faire vos excuses, et preniez l'en-
« gagement de ne plus me revoir. Ce
« cher duc, chez qui la jalousie a sans
« doute aiguillonné la passion, s'est em-
« pressé d'accourir chez moi ce matin,
« aussitôt après avoir lu ma lettre, pour
« me prodiguer les plus tendres propos,
« les promesses les plus séduisantes, et me
« faire lui jurer ma fidélité éternelle; ser-
« ment que je lui ai fait, que je veux ob-
« server, et dont la sainteté, mon bon
« Adrien, me contraint, quoiqu'à regret,
« de cesser désormais tout rapport entre

« nous, et de vous interdire l'entrée de
« ma demeure. C'est ainsi, mon ami, que
« je suis parvenue à désarmer le cher
« duc, et qui renonce à se mesurer avec
« vous. Cher Folleville, j'espère qu'en ces-
« sant d'être amants nous ne cesserons
« pas d'être amis, recevez-en l'assurance,
« ainsi que l'expression du regret que
« cause notre éternelle séparation à votre
« bien dévouée amie,

« ALICE DUFRESNE. »

Folleville, furieux, humilié, froissa la lettre avec colère.

— Holà ! qu'avez-vous, cousin ? que renferme donc cette lettre pour vous irriter autant ? s'informa l'aspirant,

— Il y a que ce duc est un lâche, qu'il ne viendra pas au rendez-vous, et me donne pour raison qu'il renonce à toutes ses prétentions sur Alice, répondit effrontément Adrien.

— Décidément, cousin, vous êtes un homme heureux. Un rival qui recule devant votre épée et consent à vous laisser l'unique possesseur d'une jolie femme, voilà qui est charmant et fait pour vous, enfant gâté de l'amour et des dames.

— Je conviens que je suis un fortuné mortel, répliqua Folleville en se rengorgeant comme un pigeon qui roucoule, puis, reprenant :

— Cousin, dit-il gaiement, allons déjeûner.

IV

Deux mois se sont écoulés depuis les derniers incidents racontés dans le chapitre précédent, depuis que Folleville, promptement consolé de la perte d'Alice, s'est livré à d'autres amourettes, tout en ne négligeant pas, cependant, d'aller de temps à autre faire une petite visite à sa chère Constance, dont il se dit toujours amoureux et de laquelle le père et la mère, devenus très accommodants, ont cessé de lui reprocher ses fréquentes absences et lui laissent pleine et entière liberté. Depuis encore que le cousin le marin, qui a sollicité, et pour cause, une prolongation de congé, n'a pas quitté la demeure des Fromageo, dont il est devenu le Benjamin, ce dont Folleville lui sait un gré infini. Oui, deux mois, durant lesquels Ferdinand Brémond a à peine aperçu sa femme, cette Flora orgueilleuse qui vit enfermée dans son appartement ou s'absente de chez elle des journées entières, sans même en instruire son mari, dont elle fuit la présence, auquel elle daigne à peine adresser la parole.

— Non, c'est trop de mépris, trop d'indifférence ; c'est se jouer impunément de ma patience, que de braver ainsi mes droits d'époux, ma dignité d'homme, s'écriait Ferdinand avec rage et douleur ; il faut que cela finisse, car je ne puis plus longtemps endurer le supplice que m'impose le mépris de cette femme, que je croyais indifférente à mon cœur et aux charmes de laquelle il s'est laissé prendre. Aimer qui nous hait et nous méprise, est-il, mon Dieu ! un tourment plus affreux ? Aimer une femme qui nous refuse ses caresses, ses sourires, un regard amical, qui nous appartient et nous est étrangère !...

est-il tourment plus affreux? est-ce donc là, enfin, la punition que le ciel réserve aux hommes sans âme, qui immolent à l'ambition tous les tendres sentiments du cœur?... Oh! ce mariage, reprit Ferdinand en crispant ses mains, que m'a-t-il rapporté jusqu'alors, quel avantage m'a-t-il procuré? Rien autre que la possession d'une femme déshonorée, et qui bientôt deviendra la mère d'un bâtard, dont je me suis lâchement engagé de légitimer la naissance; une dot dont je ne puis disposer, de laquelle le revenu suffit à peine pour parer aux frais d'un luxe que m'a imposé cette alliance maudite! Et ce duc! cet homme qui, pour moi, devait être un puissant protecteur, qu'a-t-il fait jusqu'alors? Rien; rien autre que de me

faire entendre des promesses mensongères
et d'affecter à mon égard une bienveillance
dont la fausseté de son regard dément la
sincérité... Ainsi je suis donc la dupe, le
jouet de ces gens perfides qui, après s'être
servis de moi pour laver la tache que le
viol ou le libertinage avait imprimée à leur
blason, lève maintenant le masque pour
me jeter le mépris à la face... C'est trop
endurer d'humiliations et d'insultes! A
moi, désormais, la dignité et le droit de
parler en maître! Relevons la tête et deve-
nons un homme! s'écriait Ferdinand en
quittant brusquement le siége où, seul et
dans son cabinet, il s'était livré à ces amères
réflexions. Ce fut vers l'appartement de sa
femme qu'il dirigea ses pas, où la chambrière de Flora, selon sa consigne et l'u-

sage habituel, lui barra le passage en lui faisant entendre ce refrain perpétuel :

— Madame ne peut recevoir.

Mais, sans tenir compte cette fois de cet avertissement, Ferdinand écarta la femme de chambre et pénétra chez Flora, qu'il surprit seule et lisant, couchée paresseusement sur une chaise longue.

A la vue de son mari, la jeune femme, dont le visage s'était aussitôt rembruni, jeta son livre et changea de pose pour en prendre une plus cérémonieuse.

— Vous, chez moi, monsieur? fit-elle d'un accent sévère.

— Pourquoi pas, madame? Un mari n'a-t-il pas le droit de se présenter chez sa femme ?

— En effet, ce droit lui est acquis... Asseyez-vous, monsieur, et veuillez m'apprendre ce qui vous amène.

— Le désir, je dirai mieux, madame, la nécessité de nous expliquer sur la cause de la singulière existence que nous nous sommes faite l'un et l'autre ; vous, en acceptant pour mari un homme que vous semblez détester, et moi, en consentant à ce que la femme, à laquelle j'ai été glorieux de m'unir, vécût sans cesse éloignée de moi, et me prive, par ce fait, de la possibilité de lui prouver par mon langage, mes soins, mes actes, que je ne suis point tout à fait aussi indigne de son estime, de sa confiance, qu'elle le suppose, répondit le jeune mari, dont les dispositions hostiles et querelleuses qui l'avaient amené semblaient s'être fort modérées à la vue de sa femme, que le charmant et coquet négligé, dont elle était parée, rendait cent fois plus ravissante de grâce et de beauté.

— Monsieur, à ce langage convenable, je suis désolée de ne pouvoir répondre que par des paroles trop sévères peut être; mais enfin, je vous répondrai : Monsieur Brémond, je ne vous aime pas, je n'aimerai même jamais l'homme qui m'a accepté pour femme, lorsqu'il savait qu'on me l'imposait par la force ; l'homme qui ne pouvait ni m'aimer ni m'estimer, et qui, ne voyant qu'une riche dot à saisir, n'a pas hésité à accepter la honte que lui apportait, avec sa fortune, une fillle déshonorée.

— Madame, vous serez donc toujours injuste et cruelle envers moi? Ainsi, en jetant sans cesse à la face la prétendue lâcheté que, selon vous, j'ai commise, en acceptant pour compagne une fille-mère, vous ne tenez aucun compte de l'effet, du tendre sentiment qu'a fait naître subitement dans mon cœur la puissance de vos charmes, et désirer ardemment leur précieuse possession. Quant à la pénible position, dans laquelle vous vous trouvez, je comprends que tout homme délicat se serait empressé d'en repousser la responsabilité, si la cause en devait être appliquée au libertinage, à la corruption ; mais que m'a-t-on dit ? que votre grossesse était le résultat d'un viol infâme, dont vous aviez été l'innocente victime, vous, un faible enfant. Or, madame, je n'ai point cru que c'était déroger que de réparer le crime d'un malfaiteur, en sauvant une jeune fille de la honte en lui rendant l'honneur. Maintenant, madame, il ne me reste plus qu'à combattre l'ignoble pensée que l'appât de votre fortune m'a seule guidé vers vous. Mais, madame, étais-je pauvre quand je vous ai épousée ? J'avais alors, et je possède encore aujourd'hui quatre cent mille francs de biens au soleil ; mieux encore, je possède une belle et noble profession, qui, si je parviens à m'y distinguer, devra doubler ma fortune personnelle. J'ai dit.

madame ; à vous, maintenant, ou plutôt à votre prévention de combattre les excuses que je viens de vous soumettre... Vous ne répondez pas et vous détournez la tête... Flora, votre conscience vous dirait-elle que les torts sont de votre côté?... C'est peut-être probable... Flora, je ne reconnais à nulle puissance humaine le droit d'imposer à une jeune fille l'homme qu'elle déteste et méprise, car, devant Dieu et l'état civil, elle peut protester contre la violence en prononçant un non, et pourtant le oui s'est échappé de vos lèvres en réponse à la demande que vous adressait le maire chargé de nous marier. Voilà votre tort, madame, et il est grand, impardonnable, car il y a lâcheté de la part d'une femme qui, en acceptant pour mari l'homme que son cœur repousse, le condamne au chagrin, au regret pour sa vie entière. Car enfin, quel remède apporter à ce mal?...

— Une séparation, monsieur, interrompit sèchement Flora.

— Merci, madame, car vous l'avez prononcé ce mot que me dictait ma dignité froissée, et que je n'osais vous faire entendre... Oui, une séparation, je l'accepte ! mais avant de l'accomplir, vous allez m'entendre une dernière fois, madame. Je sens au feu qui me brûle le front, aux battements précipités dans lesquels mon cœur se brise, que mon courage se réveille enfin ! Ce que je sens mieux encore, c'est qu'à force de m'humilier, de m'insulter, vous m'avez lassé ; c'est que tout désormais est fini entre nous. Je rougis de vous avoir pour femme, vous que je voulais aimer ; vous, dont les bruits échappés de chaque bouche m'ont révélé, hélas ! trop tard, toute la corruption et l'ignominie ! vous, enfin, la maîtresse de votre oncle, de votre tuteur, dont vous portez le fruit honteux dans votre sein. Honte ! honte à vous, Flora d'Artigue ! J'adjure l'amour qui me faisait m'étourdir sur votre faute ; je vous méprise maintenant, je vous chasse ; et si votre souvenir me revient jamais à la pensée, ce sera pour le maudire !

Ferdinand, après avoir prononcé ces derniers mots, devant lesquels Flora avait pâli, sortit précipitamment de la chambre pour retourner à son cabinet où, après avoir écrit plusieurs lettres d'une main tremblante, il sonna un valet pour lui commander de garnir une valise de linge et d'effets. Une heure après, Ferdinand, monté en chemin de fer, roulait vers Orléans, où il allait embrasser sa mère, dont ses chagrins, ses déceptions avaient réveillé le souvenir dans son cœur.

— Comment, mon pauvre enfant, tu as été trompé! Te voilà malheureux, seul et désillusionné... Je te plains, mon cher Ferdinand. Ainsi disait dame Brémond en pressant son fils dans ses bras, en essuyant les larmes qui coulaient des yeux du jeune homme.. Hélas! reprit-elle, pourquoi faut-il qu'une folle ambition t'ait rendu ingrat envers cette belle et bonne Angélique, devenue, comme tu sais, la femme de cet excellent M. Darbel, ton ami ; Angélique qui a hérité d'une fortune de huit cent mille francs, que lui a laissé en mourant un parent de feue sa mère. Toute cette richesse serait à toi aujourd'hui si tu l'avais voulu, mon enfant, et avec une excellente petite ménagère qui t'aurait aimé, soigné, comme elle aime et soigne aujourd'hui son cher et bon mari.

— Oh ! vous avez raison de me gronder, ma mère, car mon ambition n'a servi qu'à me rendre malheureux pour la vie.

— Malheureux, parce que tu te sépares

d'une méchante femme; il n'y a pas tant à se désoler.

— Mais ma mère, je l'aime, je l'adore cette femme, et sa perte, la haine qu'elle a pour moi font mon désespoir, répondit Ferdinand en larmes.

— Eh bien! il faut être courageux, oublier cette vilaine créature, qui se permet de ne pas t'aimer, de ne pas aimer mon fils, un brave et spirituel jeune homme; la méchante femelle que ça fait! Voyons, que comptes-tu faire, maintenant que te voilà redevenu garçon?

— Vendre mon hôtel et restituer la dot de Flora; ensuite, me loger décemment dans quelque quartier de Paris, où vous viendrez vivre auprès de moi, ma bonne mère, où j'exercerai ma profession, que j'ai beaucoup négligé depuis mon fatal mariage.

— C'est bien dit ; j'irai à Paris où nous vivrons ensemble, et pour cela nous vendrons cette ferme... à ton ami Darbel, par exemple, qui, en ce moment, est entrain d'acheter tout le pays, et sera enchanté de faire l'acquisition de nos terres.

— Comme il vous plaira, chère mère ; d'autant mieux que je me soucie peu de revenir dans ce pays, où je ne puis espérer avoir conservé des amis.

— Tu te trompes, Ferdinand ; Darbel,

Angélique et Renard t'aiment toujours, tout en se plaignant de l'indifférence que tu leur as témoigné, et si tu veux t'en assurer, allons leur faire une petite visite.

— Non, ma mère, car l'aspect du bonheur dont jouissent ces chers amis, ne ferait que d'augmenter ma douleur et mes regrets.

Comme Ferdinand prononçait ces mots, Darbel, vêtu d'une blouse, et la tête couverte d'un chapeau de paille, entrait dans la chambre où causaient la mère et le fils.

— Ça, Ferdinand, dans la crainte que tu ne viennes pas à moi, c'est moi qui viens à toi, dit Darbel, le sourire sur les lèvres, en présentant une main amie au jeune homme, qui s'élança dans ses bras pour l'embrasser.

— Ah ! tu as cru qu'en arrivant ici en catimini, tromper tout le monde sur ta présence ; mais comme il ne manque pas de fines mouches dans le pays, grâce à elles, j'ai vivement appris qu'il y avait à la ferme de dame Brémond un ami dont j'avais la main à presser.

— Darbel, sois le bienvenu, fit Ferdinand.

— Brémond, aurais-tu été malade ? je te retrouve pâle et maigri, demanda Darbel.

— Non, mon cher ami ; si tu me trouves changé, il ne faut en attribuer la cause qu'aux chagrins qui sont venus m'assaillir depuis quelque temps.

— Des chagrins, à toi, le gendre d'une famille ducale, le mari d'une fille belle comme une Vénus et riche à millions, à ce qu'on est venu nous conter ici, allons donc !

— Oui, Darbel, je suis tout cela, et par dessus le marché le plus malheureux des hommes.

— Diable ! diable ! voilà ce que je ne puis comprendre, moi, qui de mon côté, possède de même tous ces brillants avantages, et me trouve très heureux, plus heureux que je ne méritais de l'être, d'après une jeunesse aussi orageuse que l'a été la mienne.

—Darbel, je ne veux pas avoir de secrets pour toi, mon ami intime ; oui, je veux t'ouvrir mon cœur tout entier, car la douleur m'étouffe, et j'ai besoin que l'amitié me soulage en me plaignant, en m'encourageant à supporter le sort que je me suis créé par excés d'orgueil et d'ambition.

—Oui, oui, cher enfant, contes-lui tout, à ce bon ami, peut-être que ses conseils t'aideront à oublier et à être moins malheureux, s'écria la fermière.

—Darbel, veux-tu m'accompagner dans

une promenade au bois? En chemin, nous causerons ensemble, demanda Ferdinand.

— Très volontiers. Allons ! répliqua Darbel en passant son bras sous celui de l'avocat.

Les deux amis quittèrent la ferme par une porte de derrière, qui s'ouvrait sur les champs, et sans avoir été rencontrés, ils parvinrent en peu de temps à un grand bois solitaire, dans lequel ils s'enfoncèrent.

Ce fut alors que Ferdinand, auquel le grand air, l'arôme des plantes, la douce et suave senteur des arbres procuraient un bien-être extrême, entama le chapitre de ses confidences, qu'il raconta avec vérité, toutes ses lâchetés, les péripéties de son mariage et les pénibles déceptions qui s'en étaient suivies; tout cela, non sans soupirer ni verser force larmes.

— Oh! oh! voilà de vilaines gens auxquels tu as eu affaire, mon pauvre ami, fit Darbel après avoir écouté attentivement. D'abord, reprit-il, ton duc de Crosy qui, pour sûr, est le père de l'enfant, est une grande canaille, n'en déplaise à sa seigneurie, et, comme nous ne sommes plus en régence, Dieu merci! on fera bien, n'importe qui, de châtier ce roué audacieux, lequel se permet de faire épouser ses maîtresses à d'honnêtes garçons. Quant à ta femme, mademoiselle Flora d'Artigue, je soutiens que tant d'indifférence et de haine sont peu naturelles dans le cœur d'une jeune fille de son âge, et que si quelqu'un, son oncle séducteur, par exemple, ne l'animait contre toi, la pauvre enfant serait beaucoup moins intraitable à ton endroit. Tu aimes cette femme, tu l'as chassée, je comprends ce transport; tu la regrettes, rien de plus naturel. Tu as cru l'épouser sans amour, et aujourd'hui, la rigueur, les dédains dont elle t'abreuve, te font voir clair dans ton cœur et te prouvent que tu en tiens pour la cruelle; quant au principal motif qui t'a fait désirer et contracter ce mariage, l'ambition, elle t'a fait faire fausse route, mon cher ami, et tomber dans le trébuchet d'un intrigant libertin qui, l'ayant doré de belles promesses pour t'y attirer, maintenant qu'il te tient, se moque de toi, te tourne le dos et n'en continuera peut-être pas moins ses intrigues amoureuses et coupables avec sa nièce et pupille, d'autant mieux que pour parer aux incidents qui pourraient en survenir, il s'est assuré en toi un éditeur responsable.

— Darbel, que j'acquière la conviction que cet homme a été le séducteur de Flora, et je le tuerai! s'écria Ferdinand.

— Ou il te tuera; car telle est la justice du duel, qui toujours donne raison au plus fort ou au plus adroit, et permet enfin que l'offensé tombe sous les coups de l'offenseur. Ce qui ne doit cependant pas t'empêcher de tirer vengeance de l'affront que t'a fait cet homme, qui n'a sans doute pas été sans te parler du séducteur de sa nièce, sans te forger une petite histoire à ce sujet, tout à l'avantage de Flora ; peut-être bien encore t'a-t-il nommé le violateur et désigné l'endroit où il a dû se battre avec lui et le tuer ?

— Non, Darbel, n'ayant rien demandé, il ne m'a rien été dit.

— Ferdinand, tu as été bien lâche en tout ceci, fit Darbel avec fermeté.

— Tu as raison, ami, oui, bien lâche, en effet ! répliqua Brémond en baissant les yeux.

— D'après cela, tu n'as fait que d'imiter bien des gens ambitieux, qui de nos jours, pour obtenir des titres et des emplois, font bon marché de leur honneur... Mais revenons au présent et trouvons le moyen de te réhabiliter convenablement. Ça, il est dit que tu aimes ta femme et désire en être aimé ?

— Oui, soupira Ferdinand.

— Moi, je te réponds, maintenant que, quand bien même Flora reviendrait en ta faveur à de meilleurs sentiments, tu ne serais pas encore parfaitement heureux.

— Pourquoi cela, si elle consentait à m'aimer ?

—Parce que son suborneur vivant serait sans cesse présent à ta pensée, parce que tu craindrais sans cesse, qu'entre ta femme et cet homme, il se rétablisse quelques nouvelles intrigues, que tu serais jaloux, méfiant, injuste peut-être, et toujours malheureux ; il faut enfin, si tu veux le bonheur, la tranquillité du cœur et de l'esprit, que cet homme disparaisse, qu'il soit tué de ta main ou de la mienne.

— Mais, s'il est mort, ainsi que me l'a assuré le duc ? observa Ferdinand.

—Non, il ne l'est pas ! Cet homme existe : il doit s'appeler le duc de Crosy, ainsi que nous le soupçonnons.

— Comment nous en assurer ? demanda Ferdinand.

— En le forçant de nommer le coupable.

— Il refusera.

— S'il refuse, ce sera pour ne pas se nommer. Alors, nous l'accuserons hautement et lui demanderons compte de sa déloyauté; nous le tuerons, et tu n'auras plus rien à redouter de sa part... Mais j'y pense! ta femme, m'as-tu dit, possède un autre oncle, dont on attend le retour trés prochainement à Paris?

— Oui, le marquis d'Artigue, homme d'un grand mérite et de mœurs sévères, oncle paternel de Flora.

— Auquel le duc de Crosy a soufflé la tutelle de ta femme.

— Parce qu'il était absent lorsque mourut la mère de Flora, déjà orpheline de père.

— Eh bien, cher, ton gueux de duc qui, après avoir engrossé sa pupille, redoutant la venue du marquis d'Artigue, ne s'est empressé de la marier que pour mieux tirer son épingle du jeu, en donnant, en ta personne, un père à l'enfant de ses œuvres.

— L'infâme ! s'écria Ferdinand.

— En effet ! Mais, patience, tu prendras ta revanche, et c'est moi qui me charge de te la procurer.

— Mais, pour m'aider en pareille circonstance, il faudrait, ami, que tu fusses à Paris, observa Ferdinand.

— J'y serai sous quinze jours. Apprends, Ferdinand, que la riche position dont je jouis actuellement, grâce à ma femme, me permet d'habiter Paris, où nous allons nous fixer définitivement, et où nous nous reverrons et travaillerons ensemble à réparer le mal que t'a causé un moment d'oubli et d'ambition.

Maintenant, arrière toute fausse honte et viens embrasser Angélique, ma femme, contempler notre heureux ménage, en punition de tes péchés.

— Je n'ose, Darbel ; j'ai tant été ingrat envers Angélique, répliqua Ferdinand,

— Viens toujours, car tu n'en seras pas plus mal reçu pour cela, répondit en riant Darbel, tout en entraînant Brémond qui se décida à le suivre.

Au moment où les deux amis se présentèrent à la ferme, Renard et Angélique se trouvaient réunis dans la salle commune où ils s'occupaient à relever les comptes de la vente du grain, faite dans le courant de l'année aux marchés de la ville et des environs.

— Saperjeu! si mes yeux ne me trompent point, c'est le gars Ferdinand Brémond que j'aperçois là, dans la cour, se dirigeant de notre côté, au bras de ton homme, s'écria Renard.

— Tu ne te trompes pas, père, c'est bien lui que nous amène mon cher mari ; sans doute en l'intention de le réconcilier avec vous et moi, fit Angélique.

— Fillette, je te conseille de le recevoir comme il le mérite, ce garnement, ce fiéro qui a rougi de toi et ne t'a pas trouvé d'assez noble famille, assez hupée pour devenir sa femme.

— Dame, père, il a peut-être eu raison de préférer la nièce d'un duc, d'un grand seigneur, à moi, alors simple paysanne.

Comme Angélique achevait vivement ces mots, les deux jeunes gens entraient dans la salle, Darbel, le sourire sur les lèvres, et Ferdinand, honteux et presque tremblant.

— Amis, je vous présente une ancienne connaissance, que je vous prie de bien accueillir, puisque l'amitié la ramène vers nous, fit Darbel.

— Que le désir de mon cher et bien-aimé mari soit fait. Ferdinand, soyez le bienvenu chez nous, dit Angélique d'un ton amical et souriant.

Angélique, qui avait affecté d'appuyer sur les qualités qu'elle donnait à son mari, petite vengeance féminine employée sans doute par elle, afin de faire comprendre à son infidèle qu'une femme n'est jamais embarrassée de bien placer le cœur qu'on lui a rendu.

— Angélique, sans rancune, n'est-ce pas ; car c'est un ami qui vous revient, vous sait heureuse et vous félicite, dit Brémond en présentant à la jeune femme une main dans laquelle elle s'empressa de placer la sienne.

— Et vous, monsieur Renard, serez-vous moins amical en ma faveur, que votre aimable fille ? reprit le jeune homme.

— Pourquoi t'en voudrais-je, Ferdinand ? toi qui, en nous retirant ta parole, en renonçant à Angélique, lui a permis de se donner un bon mari, qui l'aime pour elle et l'a épousé rien que pour elle, répondit le fermier.

— Sachez, père Renard, qu'il n'y a rien eu que de très naturel dans la conduite qu'a tenue Ferdinand envers votre fille, et qu'il n'est pas rare de voir un amour d'enfance, folie du premier âge, mourir de vieillesse dans l'adolescsnce, fit Darbel.

— Ah ça! que viens-tu faire au pays? Voir ta bonne mère, sans doute, qui s'ennuie beaucoup loin de toi, et a passé dans les larmes le jour où tu te mariais à Paris. Elle qui comptait si bien danser à la noce de son fils, après lui avoir donné sa bénédiction, cette sainte caresse, qui toujours porte bonheur à de jeunes époux.

— Renard, répliqua Brémond au fermeir, je sais que je mérite tous les reproches que vous m'adressez indirectement, mais faites grâce à celui qui souffre en faveur de son repentir.

III

— Non, plus d'amourette, assez faire comme ça le Joconde ; je me convertis, je me range, je laisse le beau sexe en repos, et j'épouse ma chère petite cousine Constance, auprès de laquelle je vais trouver ce bonheur pur, cette tendresse désintéressée que, jusqu'ici, je n'ai ni goûtée, ni rencontrée chez mes nombreuses maîtresses. Oh! Constance! ange de beauté, de bonté, d'indulgence, c'est à toi que je reviens pour la vie ; oui, c'est à tes pieds que je vais courir déposer, en ma personne, le plus aimant, le plus fidèle des époux passés, présents, à venir.

Ainsi disait Folleville en faisant sa toilette, le lendemain d'un jour où il avait surpris une de ses nouvelles maîtresses en délit d'infidélité, et qu'il avait failli avoir un duel sur les bras.

Il y avait alors six semaines que notre coureur d'amourettes n'avait mis les pieds chez sa prétendue.

Folleville donc, tout en mettant sa cravate, cherchait dans sa tête la nouvelle excuse dont il allait colorer sa longue absence, lorsque sa concierge se présenta, une lettre à la main.

Folleville, croyant recevoir un billet doux, s'empressa d'ouvrir la missive, pour y lire ces mots, à sa grande stupéfaction :

« M. et madame Fromageo ont l'honneur
« de vous faire part du mariage de made-
« moiselle Ernestine-Constance Fromageo,
« leur fille, avec M. Adolphe Blandureau,
« aspirant de marine, lequel a été célébré
« jeudi, 17 juin, à l'église de la Madeleine,
« leur paroisse. »

— Infamie! s'écria Folleville; trahison! fiez-vous donc à l'amour, à la constance des femmes! fiez-vous donc à la sincérité d'un ami! confiez donc à son honneur la garde de votre trésor! Cet Adolphe, que je croyais la franchise, la délicatesse en personne, me voler ainsi la femme selon mon cœur, ma fiancée! ma... Décidément, je resterai garçon, mais rien que par esprit de vengeance. Amants, époux, tenez-vous bien, car je vous déclare une guerre à mort! Oui, je veux devenir un Don Juan, un Lovelace, un Faublas; je veux séduire, tromper les femmes, jeter le désespoir, la honte, la fureur dans les familles, dans les ménages, grandir de vingt coudées la liste du martyrologe de mes conquêtes! je veux enfin qu'on dise de moi : Rien ne résiste à cet homme, ni la grande dame, qui devrait être défendue par les convenances sociales, ni la jeune fille modeste et pure... Constance, la femme d'un autre que moi ! Constance, infidèle ! Ah ! la femme ! quel abîme entre la promesse de leur sourire et la réalité de leur amour !... Allons, allons ! mon pauvre Folleville, infortunée victime de l'inconstance d'un sexe perfide, prends ton courage à deux mains, ne te chagrine pas ainsi, car le chagrin enlaidit, et tu vas avoir besoin de tous tes avantages physiques pour réussir dans la tâche vengeresse que tu vas entreprendre. Quant à vous, parents perfides et sans foi, promise parjure, adieu pour toujours, car jamais vous ne reverrez celui dont vous avez percé le cœur... Maintenant, que vais-je faire de ma journée, puisque je n'ai plus de future à courtiser et que tout mon temps m'appartient?... Allons-nous promener à la campagne, tourner, rôder autour des châteaux, des villas, afin d'en surprendre les châtelaines et de les fasciner par mes regards tour à tour tendres et assassins.

Ce parti pris, Folleville quitte sa demeure, se dirige au hasard, car il n'a pas encore arrêté dans sa tête l'endroit où il veut aller. Il longe les boulevarts, atteint les Champs-Élysées ; là, il se jette dans une voiture-gondole, qui doit le mener... il ne sait où? N'importe, pourvu que ce soit aux champs.

Une heure de route, et c'est sur la place

de Saint-Cloud que s'arrête la gondole, où descend notre jeune homme.

— Diable ! mais il n'est rien moins que champêtre, ce pays-ci, pensait Folleville en tournant ses regards autour de lui et ne découvrant, en place de bois et prairies, que des maisons de cinq étages, des cafés et des restaurants.

C'est à la *Tête Noire* qu'il commence par déjeûner, pour ensuite se rendre au parc, en franchir les hauteurs, longer de longues et silencieuses avenues, et se trouver en face d'une grille.

— Où suis-je, l'ami ? s'informe notre jeune homme à un cantonnier.

— A Ville-d'Avray.

Folleville marche et arrive aux étangs. Là, se déroulent à ses regards un délicieux paysage, des côteaux, des bois, une grande étendue d'eau ; puis, de loin en loin, de coquettes et blanches villas, les unes cachées sous des dômes de feuillages, les autres s'élevant radieuses sur des collines verdoyantes, parsemées de bouquets d'arbres.

Folleville qui, depuis un instant, longeait d'un pas lent une route boisée, tout en admirant les charmantes maisons qui s'y trouvaient semées de loin en loin, entendit les sons d'un piano sortir de l'une d'elles.

— Une femme est là ! une femme belle, sans doute, et à conquérir, pensa aussitôt notre Joconde arrêté devant la maison, qui était située au milieu d'un parterre de fleurs et fermée par une grille à lances dorées.

A côté de cette maison en était une autre, moins élégante, et sur la grille de laquelle pendait un écriteau portant ces mots : *Appartement meublé à louer.*

— Voyons cet appartement.

Folleville sonne. Une paysanne se présente. Folleville demande à visiter ledit appartement, dont certaines fenêtres donnent sur la route, d'autres sur le jardin de la dame au piano ; appartement coquet et très confortable, du prix de deux cents francs par mois.

— Je me décide à louer, madame ; mais auparavant, je désire connaître si le voisinage est bien habité... Qu'est-ce que les gens qui occupent la maison voisine ?

— Une jeune dame enceinte, qui y vit fort retirée, en compagnie de sa femme de chambre et d'un jardinier.

— Est-elle jolie ?

— Dame, oui, bien belle et bien triste, à ce que semble annoncer sa mine.

— Cette maison qu'elle habite, lui appartient-elle ?

— Non, monsieur, elle l'a en location depuis trois mois.

— Vient-il du monde chez elle ? Des hommes ?

— Personne ; à moins que ce ne soit la nuit, quand nous dormons.

— Et comment nomme-t-on cette belle solitaire.

— Madame Olivier, répondit la paysanne.

— Ma chère dame, demain je reviendrai m'installer dans cet appartement où je désire me reposer aujourd'hui. Prenez cette pièce d'or et allez me préparer de quoi dîner ici, ce soir.

La paysanne prit la pièce et se retira pleine de confiance pour un homme qui payait d'avance et si largement.

Folleville, resté seul, s'empressa d'avancer un fauteuil près d'une des fenêtres qui donnaient sur le jardin de la voisine, et de laquelle il lui était facile de plonger un regard indiscret dans l'intérieur de la maison.

— Cette femme doit être une demoiselle, quelque fille séduite, qui est venue cacher ici sa grossesse et sa honte, jusqu'à ce qu'il lui soit permis de rentrer dans le monde, en qualité de vierge innocente et pure, après s'être débarrassée de son poupard. Elle est jolie, dit-on ; or, je m'intéressé à elle, je deviens son consolateur, son vengeur même, si elle y consent ; et elle y consentira, j'en ai l'espérance.

Tandis que notre jeune homme pensait ainsi, les yeux fixés sur la maison de la dame, une fenêtre s'ouvrit, et une jeune femme, gracieuse, au visage d'une beauté ravissante, quoique fort pâle, vint s'accouder sur le balcon d'un air pensif.

— Fichtre, qu'elle est belle ! murmura Folleville en extase. Cette femme sera à moi, ou j'y perdrai mon nom.

La dame, après avoir porté ses regards sur la campagne, se retira de la fenêtre, pour aller se placer au piano et y exécuter une plaintive mélodie, que Folleville écouta avec attention, et de laquelle la douce harmonie remplit son cœur d'ivresse et d'amour.

— Décidément, j'apporterai demain mon violon, et comme j'en râcle passablement, cela pourra peut-être bien inspirer à cette charmante femme l'idée de faire de la musique avec moi.

Trois heures de l'après-midi sonnaient, lorsque Folleville, toujours à son observatoire, vit la voisine sortir de chez elle en chapeau de paille et châle de crêpe de chine, accompagnée d'une femme de chambre.

— Elle va se promener ; vite, suivons-la !

Cela dit, Adrien sauta sur son chapeau et s'élança sur les pas de la dame, qui se dirigeait vers les étangs, où elle se posa sur un tertre gazonné, situé au bord de l'eau, et là, ouvrit un livre à la lecture duquel elle se livra avec attention, tandis que sa femme de chambre brodait assise à deux pas d'elle.

Folleville, qui rôdait depuis quelques instants à une distance respectueuse, cherchait dans sa tête le moyen d'aborder la dame et d'entrer en connaissance avec elle, lorsqu'un heureux hasard vint lui en fournir l'occasion.

Trois jeunes fous échappés de Paris pour prendre leurs ébats aux champs, après avoir déjeûné chez un restaurateur du village et s'être livré à de copieuses libations, ayant, d'une des fenêtres dudit restaurant, aperçu les deux femmes, s'étaient proposés de venir troubler leur solitude, afin de s'assurer si elles étaient jolies, et, en pareil cas, de leur présenter leur bruyant hommage, tant soit peu aviné.

Or, pour éviter d'effrayer les dames par leur approche, nos gaillards avaient fait un grand détour afin de gagner les bois, de façon à pouvoir les surprendre par derrière.

La ruse avait réussi, car s'étant approchés d'elles à pas de loup, ils entourèrent les deux femmes en les apostrophant d'une façon fort cavalière.

Ces dernières, surprises autant qu'effrayées par cette attaque imprévue, s'étaient empressées de se relever en l'intention de s'éloigner, mais entourées, emprisonnées au milieu des trois vauriens, tout moyen de fuite leur était interdit; et les jeunes gens, en échange de leur liberté, n'exigeaient rien moins qu'un baiser.

Effrayée de tant d'audace et d'insolence, la jeune dame Olivier, d'une voix douce et suppliante, les engageait vainement à les laisser en repos et à les respecter, en qualité de femmes honnêtes qu'elles étaient; mais, sourds à ses prières, les insulteurs n'en continuaient pas moins leur audacieux manége, lorsque Folleville qui, caché derrière un taillis, avait observé la scène, tout en s'empressant de briser une branche d'arbre afin de s'en faire une arme, fondit comme la foudre sur les trois agresseurs, en frappant à tour de bras sur l'un comme sur l'autre, et qui, après en avoir envoyé rouler deux sur l'herbe, plus d'à moitié assommés, força le troisième à demander grâce, puis à prendre ses jambes à son cou pour courir s'enfoncer dans le bois.

Cet exploit achevé, Folleville, aidé de la femme de chambre, s'empressa de secourir la jeune dame qui, s'étant évanouie, gisait sur l'herbe où elle s'était laissée choir.

—Ah! monsieur, quelle reconnaissance ne vous dois-je pas pour le bon secours que vous venez de me porter, fit madame Olivier après avoir repris ses sens.

—Vous ne m'en devez aucune, madame, car je n'ai fait que de remplir le devoir que m'imposait ma qualité d'homme honnête et galant. La seule chose, madame, que je sollicite de votre bienveillance, est que vous daigniez me laisser achever mon œuvre en me permettant de vous offrir mon bras et ma protection jusqu'à votre demeure, et cela, en qualité de bon voisin.

— De voisin, dites-vous, monsieur? demandait la dame tout en laissant faire

Folleville qui, doucement, lui avait pris le bras pour le passer sous le sien.

— Oui, madame, car nos demeures se touchent.

— J'ignorais cet avantage, monsieur, et e m'en félicite d'autant plus que nos demeures sont isolées et que je suis un peu peureuse.

Ainsi causaient nos deux personnages tout en s'éloignant du lieu du combat pour se diriger vers leurs domiciles.

— Vous êtes une adorable musicienne, madame.

— Vous m'entendez toucher du piano, monsieur ?

— Oui, madame, et je me sens heureux, bien heureux en vous écoutant, moi, dont votre talent daigne égayer la solitude.

— Viveriez-vous seul, monsieur?

— Seul, madame, retiré de ce monde après avoir été trahi, abandonné d'une femme que j'aimais et à laquelle j'allais unir mon sort.

— Je vous plains, monsieur. Mais est-ce le sûr moyen d'oublier une infidèle et de calmer sa douleur, que de venir s'enfermer dans la solitude, seul, avec de sombres pensées au cœur? observa la dame avec intérêt.

— Peut-être non, madame; mais ayant

pris la société en aversion, j'ai ressenti le besoin de la fuir et de pouvoir pleurer sans témoin l'abandon de l'ingrate Constance... ainsi se nomme, madame, l'inconstante que je regrette, répondit Folleville d'un accent désolé, dans le but d'intéresser la dame en sa faveur.

— Vous l'aimiez d'amour sincère, désintéressé, et elle vous a trahi ! c'est bien mal !

— N'est-ce pas, madame ? Ainsi vous pensez, vous qui, belle, remplie de charmes, devez être adorée de votre époux.

— Adorée, dites-vous ?... Oui, en effet ! répliqua tristement la dame.

— Avec combien de bonheur et d'empressement il doit revenir chaque soir auprès de vous.

— Mon mari voyage, monsieur, ce qui fait que je le possède rarement.

— Comment, madame, il ose s'éloigner d'une femme comme vous, remplie d'attraits et de grâce, sur les pas de laquelle doivent se presser mille adorateurs envieux de votre adorable possession? quelle imprudence que d'abandonner ainsi le trésor que l'on possède !

— Vous me voyez avec des yeux beaucoup trop flatteurs et indulgents, monsieur; ensuite, lorsqu'un mari sait qu'il peut se fier à la vertu de sa femme, il s'en sépare avec regret, sans doute, mais sans craindre pour son honneur. Maintenant, monsieur, que nous voilà arrivés à notre demeure, permettez-moi de vous renouveler mes remerciements, ajouta la dame en adressant, devant sa porte, une gracieuse révérence à Folleville.

— Madame, avant de nous séparer, permettez-moi de vous adresser une supplique.

— Parlez, monsieur, quelle est-elle?

— Celle d'obtenir de votre bienveillance l'honneur de vous faire ma visite.

— Hélas! monsieur, c'est à regret que je me vois dans l'obligation de me priver du plaisir de vous recevoir, mais ma position d'épouse séparée de son mari, m'impose des devoirs circonspects que je ne puis enfreindre, surtout envers un homme de votre âge, sans craindre de me compromettre en soulevant des soupçons fâcheux pour ma réputation.

— Comment, madame, vous me refusez le bonheur d'aller vous entretenir quelques fois de mes chagrins et d'entendre votre douce voix me consoler? fit Adrien d'un accent peiné et suppliant.

— Vous y tenez donc beaucoup? reprit la dame attendrie en voyant la douleur empreinte sur les traits de Folleville,

— Beaucoup, madame, gardez-vous d'en douter.

— Alors, venez, monsieur. je vous le permets, répliqua la dame, pour, ensuite, saluer de nouveau et rentrer chez elle.

— Cette femme est à moi! s'écria en lui-même Folleville tout joyeux, lequel s'empressa de retourner le soir à Paris, afin d'y prendre les objets qui lui seraient nécessaires tout le temps qu'il allait passer à la campagne et prévenir ses connaissances qu'il partait pour un voyage de plusieurs mois.

Depuis deux mois, Darbel, Angélique et Renard qui sont venus se fixer à Paris, occupent à eux seuls une jolie maison située rue de la Pépinière, dont ils ont fait l'acquisition. Ferdinand, entièrement pardonné et réconcilié avec ses amis, a vendu son hôtel de la rue Joubert, avec bénéfice et après en avoir placé les fonds au nom de sa femme dont il a recomplété la dot, s'est retiré avec sa mère, qu'i la appelé auprès de lui, dans un appartement situé rue des Petits-Champs, où il a fondé un cabinet d'affaires et se tient à la disposition des plaideurs. Notre jeune avocat est toujours demeuré triste et rêveur, car sa pensée est toujours restée fidèle à Flora ; à cette femme dont il s'est séparé et de laquelle il regrette l'absence, quoique se sachant détesté et méprisé par elle. Ferdinand connaît les lieux qu'elle habite, il sait que c'est à Ville-d'Avray qu'elle s'est retirée, et où elle vit solitairement en attendant le terme de sa grossesse; à Ville-d'Avray où il n'ose aller la trouver et implorer d'elle un peu de pitié si ce n'est de l'amour pour les douleurs qu'il endure loin d'elle. Quant au duc de Crosy, quoique ayant appris la séparation des deux époux, il s'est abstenu de toutes démarches en faveur d'une réconciliation qui lui est fort indifférente, puisque, grâce au mariage de sa nièce et à sa cohabitation avec un mari, il se trouvait déchargé de la responsabilité de la grossesse de Flora, qui, tout naturellement, retombe à la charge de l'époux. Or, le marquis d'Artigue pouvait donc arriver quand bon lui semblerait, sans que notre duc eût à redouter sa présence ni ses reproches. Ainsi libéré des soucis que son crime lui avait suscités, le grand seigneur oubliant ses victimes les laissaient s'arranger et se conduire comme bon leur semblait, s'était de nouveau jeté dans le tourbillon des affaires politiques et des plaisirs. Mais il arriva qu'un jour un valet vint troubler sa douce quiétude en lui annonçant la visite de M. Ferdinand Brémond, accompagné d'un M. Darbel.

— Dites que je ne reçois pas, fit le duc avec humeur.

— Vous me recevrez, monsieur le duc, dit Ferdinand qui avait suivi le valet en se présentant avec Darbel.

— Je m'en aperçois, monsieur, répliqua

le seigneur, puisqu'il le faut absolument en dépit des graves occupations qui me faisaient désirer d'être seul chez moi ce matin.

— Monsieur, n'ayant qu'une demande à vous adresser, ma visite sera de courte durée, s'il vous plaît d'y répondre instantanément.

— Parlez donc alors, fit le duc d'un ton froid, en indiquant de la main des siéges aux deux visiteurs, qui refusèrent de s'asseoir.

— Monsieur le duc, je viens vous prier de vouloir bien me révéler le nom et la qualité de l'homme qui fut le violateur de votre nièce et pupille, aujourd'hui ma femme, de me préciser le jour et le lieu où s'accomplit le duel que vous eûtes avec lui et dans lequel vous le tuâtes de votre propre main.

— Voilà une enquête une peu tardive et dont je cherche en vain à deviner le motif, répliqua le seigneur en s'efforçant de dissimuler la contrariété qu'il éprouvait sous un sourire forcé.

— Quelque soit le motif qui me fait agir, je pense, monsieur, qu'il doit peu vous inquiéter, et que, de votre part, rien n'est plus facile que de me satisfaire.

— Eh bien, vous êtes dans l'erreur en pensant ainsi, mon cher neveu, car je vous avouerai que, vivement sollicité par la famille du coupable, je lui ai fait le serment de taire son nom et sa qualité. Quant au lieu où nous nous sommes battus, il se nomme le bois de Vincennes; telle est la seule révélation qu'il me soit permis de vous faire.

— Voilà un singulier scrupule en faveur de la mémoire d'un scélérat, dont le crime qu'il a commis en violant une jeune fille innocente, méritait la peine des galères... Savez-vous, monsieur le duc, qu'il court dans le monde un bruit des plus étranges et très défavorable sur votre compte, dit Ferdinand.

— Et quel est ce bruit, s'il vous plaît? demanda le duc.

— Ce bruit vous accuse d'être le séducteur de votre nièce et le père de l'enfant qu'elle porte dans son sein.

— Calomnie! s'écria le duc en se levant vivement.

— Aussi est-ce en l'intention de faire taire cette calomnie que je venais me renseigner auprès de vous du nom du vrai coupable, et je trouve qu'il est fâcheux que vous ne puissiez me le nommer, même quand il s'agit de votre honneur insulté, reprit Ferdinand.

— Je persiste à vous taire son nom; n'insistez donc pas pour le connaître, répliqua le duc avec emportement.

—Alors, monsieur, comme j'ai juré que

je connaîtrais cet homme afin de clouer son nom au poteau de l'ignominie, je compte à ce sujet m'adresser à M. le marquis d'Artigue, dont on attend le retour d'un jour à l'autre.

— Mille Dieu ! vous seriez capable de révéler à cet homme l'infamie de votre propre femme ? Est-ce donc pour qu'il la méprise et la déshérite ? s'écria le duc rouge et furieux.

— Quand cela serait, que m'importe à l'égard d'une femme de laquelle je n'ai reçu jusqu'alors que froideur et mépris ? une femme à laquelle j'ai restitué, en me séparant d'elle, la dot qu'elle m'a apportée, pour ne plus la revoir jamais.

— Puisqu'il en est arrivé ainsi, que vous n'avez pu vous entendre ni vivre ensemble, que vous importe le passé de Flora et de connaître l'homme qui l'a outragée ?

— Il importe à mon ami d'être certain que cet homme a bien réellement reçu le châtiment qu'il méritait, et, s'il en était autrement, de le tuer sans miséricorde, dit Darbel qui, jusqu'alors, s'était abstenu de parler.

—Parbleu, messieurs, je vous le répète : je trouve étrange cette susceptibilité, ce point d'honneur qui se réveillent après cinq mois d'union, lorsque monsieur, auquel je n'ai rien caché avant son mariage avec ma pupille, accepta les choses telles quelles, sans soulever la moindre objection.

— Monsieur le duc, c'est qu'alors, reprit Ferdinand, j'espérais que la jeune fille de laquelle je consentais à réparer l'honneur en lui donnant le nom d'un honnête homme, daignerait m'en savoir quelque gré et qu'à défaut de l'amour que je n'ai pu lui inspirer, elle m'accorderait au moins son estime. C'est qu'en la voyant si hautaine, si méprisante envers moi, c'est qu'en l'entendant me jeter la haine et le mépris à la face, c'est que, en la voyant froide, insensible à mes prières, j'oserai même ajouter à mes larmes, je me suis dit que cette femme, pour agir de la sorte, devait avoir au cœur un amour pour un autre que son époux; un amour pour un séducteur vivant, et que moi j'avais été la dupe d'une infâme rouerie, le jouet d'un libertin qui, pour se débarrasser d'une maîtresse qu'il n'aimait plus, dont la présence, les caresses lui étaient à charge, l'avait jetée dans mes bras.

— Sambleu ! admettons un moment qu'il en soit ainsi, et convenez, à votre tour, monsieur, qu'un vil intérêt vous a seul guidé dans tout ceci ; qu'en acceptant pour votre femme une fille déshonorée, qui portait dans son sein le fruit de sa faute, vous n'aviez calculé que le profit que vous pouviez tirer d'une alliance riche au présent, plus riche encore en espérance, avec une famille puissante et haut placée? Or, après avoir fait preuve de vils calculs, abnégation de toute dignité, fait bon marché de votre honneur, que venez-vous donc réclamer, vous qui, en épousant Flora, saviez ne point être aimé d'elle, qui ne payât jamais que du plus froid dédain les hommages que vous lui adressiez, vous qui la vîtes tremblante et près de défaillir de douleur et de regret au moment de prononcer le oui qui allait l'enchaîner à vous, qui fûtes sans pitié pour elle, vous qui, à ce moment, n'aviez qu'une pensée : argent, dignité, pouvoir et orgueil! termina le duc d'une voix ferme, en fixant un regard de haine et de mépris sur Ferdinand, qui l'écoutait, le cœur tremblant, la rougeur au front.

— Ce que je viens d'entendre, monsieur le duc, dit Darbel, me prouve qu'il y a eu en tout ceci tromperie d'une part et calcul de l'autre, mais à tout péché, miséricorde ; et, comme de notre côté, nous abjurons nos erreurs passées et voulons rentrer dans le bon chemin, il nous plaît de ne laisser nulle honte derrière nous, et, pour cela, de tuer loyalement tout ce qui aurait le droit de nous appeler lâche, et de nous dire, en nous voyant passer avec notre compagne : Vous voyez cette jeune femme qui est au bras de cet imbécile ? eh bien ! elle a été ma maîtresse, et l'enfant que ce bon père nourrit et traîne par la main, est le fruit de mes amours. Or, telle est la volonté de Brémond, celle d'acquérir la preuve certaine, irrécusable, comme quoi le séducteur de sa femme a cessé de vivre; et, comme nous avons une peur du diable qu'il n'en soit rien, c'est vous que nous supplions, monsieur, de vouloir bien fixer notre incertitude.

— Je vous ai déjà répondu à ce sujet et m'en tiens à mon dire ; n'exigez donc rien de plus, répondit le seigneur.

— Il suffit, monsieur... Nous nous reverrons, oui, nous nous reverrons! fit Ferdinand d'un ton menaçant, pour aussitôt entraîner Darbel et quitter l'hôtel.

— Décidément, ce gaillard est le coupable, dit Darbel.

— J'en suis convaincu, maintenant, répliqua Ferdinand ; aussi, tuerai-je cet homme.

— Ou il te tuera, reprit Darbel.

— Que m'importe ?

— C'est possible, mais moi qui tiens à mes amis, cela ne m'importe pas, ce qui fait que ce ne sera ni toi ni moi qui se chargerons d'expédier cet homme, à moins que le projet que je mûris dans ma tête ne nous fasse faux-bond.

— De grâce, Darbel, quel est ce projet ?

— Mon Dieu, pas autre chose que de charger le marquis d'Artigue de ta vengeance et du soin de tuer ce tuteur infidèle. Ça, maintenant, cher ami, permets que je te quitte pour courir à Ville-d'Avray faire une visite à ta femme, que je meurs d'envie de connaître, et avec laquelle je désire avoir un sérieux entretien... Veux-tu m'accompagner?

— Non. Et même, Darbel, je t'engage de renoncer à cette démarche, dont le résultat ne peut être qu'une humiliante déception pour ton amitié et ton amour-propre. Flora, caractère orgueilleux, intraitable, ne daignera même pas t'entendre, lorsqu'elle saura que c'est de moi dont tu viens l'entretenir.

— Bah! la pauvre femme n'est peut-être

pas aussi croquemitaine que tu le penses et il m'est d'avis que si tu avais su t'y prendre, tu l'aurais apprivoisée ; mais, puisque tu as manqué de talent ou de patience en cette circonstance, c'est moi qui me charge d'entreprendre la tâche et de te rendre un agneau où tu n'as trouvé qu'une tigresse.

— Fais cela, Darbel, réussis, et je te devrai plus que la vie ! s'écria Ferdinand.

— Je vais me mettre à l'œuvre... A bientôt des nouvelles.

Cela dit, Darbel se sépara de Ferdinand pour monter en voiture et rouler vers Ville-d'Avray, où il arriva sur les deux heures de l'après-midi pour se présenter à la villa de la soi-disant madame Olivier.

Comme notre jeune visiteur se disposait à sonner à la grille, les sons d'un piano, auxquels se joignaient les accords d'un violon, vinrent frapper ses oreilles.

— Diable! voilà un petit concerto, qui d'avance, me donne bonne opinion des dispositions de la dame et la présence d'un Paganini consolateur.

— Quoi qu'il y a pour votre service, môsieu? vint s'informer la jardinière.

— Je désire parler à madame Olivier.

— Vot' nom, s'il vous plaît?

— Hamilton, répondit Darbel.

— C'est bien ; attendez, je vas le dire à not' dame.

La jardinière, laissant le visiteur à la grille close, se dirigea vers la maison où la musique cessa de se faire entendre, et dont un des rideaux s'entr'ouvrit doucement.

— Entrez, môsieu, not' dame consent à vous recevoir, quoique vot' nom lui soit inconnu, s'en vint dire la paysanne en ouvrant la grille pour laisser entrer Darbel, qu'un valet de planton dans l'antichambre, conduisit dans un élégant salon, où l'accueillit Flora avec une froide politesse, après avoir quitté le piano, auprès duquel se tenait Folleville, le visage inquiet, allongé, et son violon à la main.

— Veuillez vous asseoir, monsieur, et m'apprendre ce qui me procure votre honorable visite ? dit Flora en indiquant un siége à Darbel, qui la contemplait avec admiration.

— Madame, ayant à vous entretenir d'affaires sérieuses, veuillez m'honorer d'assez de confiance pour daigner m'accorder un entretien particulier.

— Vous entendez, mon voisin ? fit la jeune femme en s'adressant à Folleville qui, sur cette invitation formulée le plus poliment possible et d'un ton gracieux, salua et quitta le salon pour passer au jardin.

— Nous sommes seuls, monsieur, et je vous écoute, reprit Flora en s'asseyant à quelque distance de Darbel.

— Vous voyez en moi, madame, un homme qui, de sa propre volonté et en faveur d'un ami malheureux, s'est chargé d'une mission fort délicate. Enfin, madame, c'est pour vous parler de votre mari que je me présente devant vous.

— De mon mari! Que peut vouloir de moi, M. Brémond? fit Flora dédaigneusement.

— Oh! rien, madame; il désire seulement...

— Quoi enfin? fit vivement la jeune femme.

— Un peu de pitié de votre part, pour son cœur, que désespère votre indifférence.

— Dites mon mépris, monsieur.

— Votre mépris! Hélas! ce mot est bien cruel, et surtout dans une aussi belle bouche que la vôtre... Madame, jusqu'alors, Ferdinand s'est abstenu de me préciser les griefs qui, de sa part, vous ont irritée contre lui; soyez donc assez indulgente pour me les indiquer.

— Monsieur, seriez-vous venu ici en

qualité de réconciliateur ? C'est qu'alors, et pour éviter, à vous ainsi qu'à moi, des paroles inutiles, une pénible explication, je vous répondrai qu'il ne peut exister entre M. Brémond et moi aucun rapport amical.

— Pourquoi, madame ?

— Parce que je ne puis aimer un homme qui, en m'épousant, moi, fille déshonorée, a commis une bassesse, un pacte honteux, où le poussaient la soif de la richesse et une orgueilleuse ambition; un homme enfin qui, en contractant une alliance pareille, n'avait même pas l'amour pour excuse, car il me connaissait à peine, et le dédain dont je payais son hommage, n'avait pas dû le disposer favorablement en ma faveur.

— Madame, jeune et étrangère aux calculs intéressés de la société, je comprends que votre âme se soit révoltée à la pensée qu'un homme consentait à vous épouser sans amour, mais seulement pour vos avantages pécuniers et votre haute position sociale. Eh! madame, est-ce que ce n'est point ainsi qu'agissent tous les hommes que l'intérêt et l'égoïsme guident seuls dans le choix d'une compagne, qui font tous du mariage, de ce lien doux et sacré, une vile spéculation? Qu'une jeune fille soit belle, qu'elle possède toutes les qualités désirables pour faire une épouse aimante et fidèle, une bonne mère de famille, une intelligente ménagère : Combien m'apportera-t-elle en dot ? A combien s'élèvent ses espérances ? Les parents, dont elle doit hériter un jour, tarderont-ils beaucoup à mourir ? Telles sont les choses dont s'informe, en premier, un prétendant, celles qui l'occupent le plus ; quant aux qualités de l'âme, celles-là, on s'en inquiète fort peu ; de l'argent d'abord, et toujours de l'argent ! Eh bien ! madame, Ferdinand, en vous épousant, n'a fait que de suivre l'exemple de ses semblables ; ce qui prouve, j'en conviens, qu'il ne valait pas mieux que les autres hommes ; mais aujourd'hui, madame, ce qui parle en sa faveur, c'est son repentir et son désintéressement, l'amour ardent et sincère qu'il

ressent pour vous, si digne d'admiration !
C'est encore la douleur que lui inspirent
votre mépris et votre haine. Le mépris, la
haine ! ah ! quels affreux sentiments ! Pourquoi en accabler mon pauvre ami ; lui qui,
aujourd'hui, s'il vous rencontrait pauvre,
s'estimerait heureux de vous offrir son
cœur, de vous donner son nom, de vous
adorer à deux genoux, comme une divinité
céleste... Allons, madame, un peu de raison et de pitié ; tous, tant que nous sommes, n'avons-nous pas un petit péché sur
la conscience, que nous ne serions pas fâché de nous savoir pardonné ? Faisons donc
pour les autres ce que nous ne serions pas
fâché qu'on fît pour nous. Oubliez et pardonnez, madame, c'est la mission que Dieu

a confié aux âmes généreuses ; et en vous voyant émue et si belle, je ne puis croire que vous y soyez étrangère.

—Vous êtes un habile avocat, monsieur, et je félicite M. Brémond d'avoir placé sa cause en d'aussi bonnes mains. Je vous répondrai donc que vous me jugez bien en ne me croyant pas une femme injuste ni méchante, car je sens que la mienne renferme tous les bons sentiments qui font la femme honnête ; que, comme une autre, je suis capable d'aimer et de rendre heureux le mari que mon cœur estimerait et duquel j'aurais droit de n'attendre aucun reproche ; mais malheureusement, je ne suis pas en cette condition, monsieur, vous ne devez pas l'ignorer?

— Je sais tout, madame, fit Darbel qui, à cette réponse, vit les joues de la jeune femme se couvrir d'un vif incarnat.

— Tout! oh! non, monsieur, car vous devez ignorer et ignorerez toujours l'obstacle qui s'oppose à ce que je puisse vivre heureuse et en paix auprès de M. Brémond, si, oubliant qu'il s'est séparé de moi de sa propre volonté, je consentais à retourner auprés de lui.

— Je n'ignore même pas, madame, d'où provient cet obstacle, et si vous y consentez, je vais vous l'expliquer.

— Dites, dites, monsieur, s'écria Flora tremblante.

— Eh bien, madame, c'est que l'homme infâme qui vous a séduite, déshonorée, existe encore ; que ce misérable n'est autre que votre oncle et tuteur, le duc de Crosy.

A ces mots, Flora poussa un cri de désespoir, d'abondantes larmes s'échappèrent de ses yeux, et ses lèvres murmurèrent aussitôt.

— Vous vous trompez, monsieur, ce n'est pas lui !

— C'est lui, madame ; c'est lui qui, profitant de la jeunesse, de l'inexpérience d'une pauvre orpheline confiée à sa garde, à son honneur, a osé la rendre victime de sa séduction, et, d'employer la violence pour la déshonorer lâchement, c'est lui qui, redoutant les sévères reproches qu'allait être en droit de lui adresser le noble marquis d'Artigue, votre oncle paternel, dont il attend le retour, s'est empressé de vous donner au premier venu, afin de cacher son crime sous le manteau d'un mari. Cet homme, vous l'aimiez, madame ; vous l'aimiez, lorsqu'il vous jeta dans les bras de Ferdinand. De là sont nés vos dédains, vos mépris pour mon malheureux ami, pour celui que votre cœur, rempli d'un amour insensé pour votre séducteur, accusait de faire votre malheur! Niez donc la justesse de cette accusation, si vous l'osez, madame !

Flora, anéantie, garda le silence, le visage caché dans ses deux mains, à travers lesquelles fuyaient les abondantes larmes qu'elle répandait; ce que voyant Darbel, fit qu'il continua en ces termes :

— Quelles furent les paroles de monsieur de Crosy afin de justifier votre position ? Celles dont il se servit pour mieux tromper l'homme auquel il offrait votre main ! J'ai tué, a-t-il dit, l'infâme qui a osé souiller ma nièce et la rendre mère. Or, n'ayant pas à redouter les tentatives que ce violateur audacieux aurait pu entreprendre pour ressaisir sa victime, vous pouvez en toute sécurité vivre en paix avec votre femme et lui accorder pleine confiance... Pensez-vous, madame, que, sans cette assurance que votre séducteur avait perdu la vie, Ferdinand eût jamais consenti à devenir votre époux?

Mais le jour où le doute vint à ce sujet s'emparer de son cœur, celui où il se demanda si, par hasard, votre oncle et tuteur ne serait pas le seul et véritable coupable, Ferdinand soupçonna tout de suite d'où provenaient votre haine et votre froideur à son égard. Ce jour-là, il a osé interroger M. de Crosy, exiger qu'il lui révélât le nom de l'homme qu'il disait avoir tué pour venger votre honneur, qu'il lui indiquât l'heure et le lieu où avait dû se passer ce duel. Mais, en entendant le duc refuser de l'instruire, en voyant l'embarras de cet homme et la rougeur lui monter au visage, ce qui n'avait été jusqu'alors qu'un soupçon pour votre mari, devint une certitude.

— Eh bien ! que fit alors M. Brémond ? demanda fièrement Flora en relevant la tête.

— Il comprima momentanément le conseil que lui donnait son indignation de tuer cet homme, répondit Darbel.

— Ah ! il n'a point osé ? reprit Flora avec dédain.

— Il l'osera, madame, soyez-en certaine, car le courage ne lui manque pas.

— Alors, quoi donc a retenu son bras ? reprit Flora.

— Le désir d'entendre votre bouche approuver sa vengeance, de l'entendre lui crier : Oui, cet homme est un lâche séducteur, un infâme! tues-le, Ferdinand, venges ta femme, venges toi !

— Mais, monsieur, ai-je donc avoué que le duc de Crosy fût le coupable pour ainsi provoquer mon mari à le tuer?

— Madame, vous n'avez rien avoué jusqu'alors, mais j'ai su lire dans votre pensée.

— Et qu'avez-vous lu, monsieur?

— Le roman de votre cœur, dont il m'est facile de vous faire l'analyse, si vous me le permettez.

— Faites, monsieur, dit Flora.

— Une jeune orpheline a été confiée à la garde d'un homme sans honneur, sans foi, sans religion. Cet homme, au mépris des devoirs que lui imposait sa double qualité de parent et de tuteur, a osé s'éprendre d'une coupable passion pour son innocente pupille, et, abusant de son isolement, de son inexpérience, la séduire et la rendre mère. Cet homme, effrayé de l'énormité de son crime, et en redoutant les suites, quoique tendrement aimé de sa victime, dont il ne pouvait réparer l'honneur en l'épousant, puisqu'il était marié, chargea une femme de mauvaise vie, une nommée madame Sainte-Agathe, qui avait été sa maîtresse, de lui trouver quelque pauvre diable d'une humeur facile qui, en faveur d'une grosse dot, consentît à le débarrasser de sa pupille et de se faire l'éditeur responsable de l'enfant dont elle était enceinte. Cette femme remplit sa mission, et le bonheur voulut, pour la pauvre fille à marier, que cette femme, au lieu de quelque mauvais aventurier, présenta au tuteur un jeune homme d'éducation, de bonnes mœurs, riche déjà et d'une famille honorable, dont la seule et unique marotte consistait à vouloir devenir dans le monde quelque chose de plus qu'un riche inutile. Ce jeune homme fut vivement accepté par le tuteur, qui s'empressa de l'imposer à sa pupille, laquelle repoussa cette alliance de toute la force d'un cœur rempli d'un autre amour.

— Maries-toi, sauves ton honneur, le mien, sans craindre que je cesse jamais de t'aimer. Et, comme la jeune fille refusait et pleurait, le séducteur, changeant alors de langage, fit entendre la menace devant laquelle la victime courba la tête, et contrainte de céder à la nécessité, elle consentit à accepter pour mari le jeune homme en question, sans toutefois renoncer à aimer son séducteur. Le mariage s'accomplit, et le lendemain des noces, la jeune et nouvelle mariée n'eut rien de plus pressé que de courir chez son honorable tuteur et amant en l'espoir de verser ses larmes dans son sein et d'en recevoir de douces consolations, les tendres et amoureuses caresses qu'il avait fait serment de lui prodiguer, toujours en dépit et en arrière du conjungo.

Mais combien dût être pénible la déception de la pauvre femme, en ne retrouvant plus que froideur et dédain chez celui dont elle se croyait tendrement aimée, en entendant cet homme lui défendre de reparaître chez lui sans y être accompagnée de son mari, de ce mari qu'il lui ordonnait d'aimer? Hélas! qui supporta le contre-coup de cette déception? Ce fut le pauvre époux qu'on accusa tout bas d'en être la cause, et en faveur duquel germa, dans le cœur de sa femme, un surcroît d'aversion. Enfin, il arriva un jour que, douloureusement affecté de la haine, du mépris, que lui témoignait la dame, de l'isolement dans lequel le laissait une femme pour laquelle son cœur s'était épris d'un amour vif et sincère, il s'éloigna pour se rendre dans son pays, afin d'y verser ses larmes dans le sein d'une bonne mère, qui s'empressa de le consoler; dans son pays, où il retrouva dans votre serviteur, madame, un ami fidèle, lequel, après avoir écouté le récit de ses chagrins, lui désigna le duc de Crosy comme étant le séducteur de Flora, qui, aujourd'hui, a cessé d'aimer cet homme, le méprise et pourtant n'ose encore le signaler à la vengeance de Ferdinand, dans la crainte que les hasards funestes d'un duel ne soient fatals à l'époux qu'elle se repent d'avoir méconnu, et auquel elle rend enfin justice... Est-ce cela, madame? termina Darbel.

— Je vous ai écouté, monsieur ; quant

à vous répondre, permettez que je m'en abstienne en ce moment. Maintenant, séparons-nous, fit Flora froidement en se levant la première.

— Ainsi, madame, vous m'ordonnez de me séparer de vous avant que vos lèvres ne m'aient fait entendre un seul mot, ou entrevoir un peu d'espoir en faveur du repos et du bonheur de mon pauvre Ferdinand ?

— Monsieur Darbel, revenez, je vous recevrai toujours avec plaisir, mais pas avant un mois, je vous en prie.

— Je me conformerai à votre volonté, madame. Mais, avant de vous quitter, permettez-moi de vous faire observer que vous n'avez repoussé aucune des suppositions que je vous ai communiquées dans le long entretien que nous venons d'avoir ensemble, et que, parmi, il en est de graves et de fort injurieuses pour l'honneur d'un certain personnage.

— De grâce, monsieur, assez ! car j'éprouve le besoin de me reposer, et surtout de me recueillir... Adieu, monsieur, adieu !

Cela dit, Flora salua Darbel et quitta le salon.

— Voilà la femme la plus indéchiffrable, la plus incompréhensible que j'aie jamais rencontrée de ma vie. Deux heures d'entretien avec elle, et je n'en suis pas plus avancé pour cela. Aimera-t-elle enfin son mari? Le duc est-il son séducteur ou ne l'est-il pas ? Consent-elle à ce que nous le tuions ou non ? Le devinera qui pourra.

Ainsi pensait Darbel en quittant la villa pour retourner à Paris.

— Enfin le voilà donc parti ce bavard éternel! Quoi diable avait-il donc à raconter pour y avoir mis tout ce temps? Ainsi disait Folleville en quittant son observatoire, c'est-à-dire la fenêtre de son appartement, après avoir vu partir Darbel. Le jeune homme, alors, reprit son violon et s'empressa de retourner chez sa voisine, où, cette fois, la femme de chambre l'arrêta au passage pour lui dire que sa maîtresse, désirant être seule, s'était retirée dans son appartement, après l'avoir prévenue qu'elle n'y était pour personne.

Folleville, horriblement vexé de se voir congédié de la sorte, retourna chez lui y déposer son instrument et ensuite fut se promener dans le bois, afin de s'y livrer en paix aux soupçons jaloux que lui inspirait la visite de ce jeune et beau garçon, qui s'était permis de rester près de deux heures en tête-à-tête avec la femme dont il convoitait la conquête, et qui, depuis près d'un mois qu'il la courtisait, lui tenait rigueur et lui interdisait même le droit de parler d'amour, sous peine d'être aussitôt congédié à perpétuité.

VI

— Décidément, je me suis laissé prendre aux filets de ce petit dieu malin qu'on appelle amour ! Oui, j'aime cette belle Olivier et en suis jaloux ni plus ni moins qu'un Othello. Ah! pourquoi est-elle mariée !

Que ne l'ai-je connue plus tôt, lorsqu'elle était libre! Qu'il m'eût été doux alors de lui offrir mon cœur et ma main. Ainsi disait Folleville, pressé par l'orage qui se disposait à déverser sur la terre ses cataractes diluviennes, tout en regagnant sa demeure d'un pas rapide, et en sentant les premières gouttes d'eau lui tomber sur le nez.

Folleville rentrait chez lui au moment où l'orage éclatait avec fureur, où la tempête tordait les arbres, où la pluie tombait en cascades furieuses. Au même moment, arrivait au grand trot une calèche, dans laquelle se trouvaient quatre dames qui, pour tout abri contre la pluie, ne possédaient que deux ombrelles, lesquelles dames, ayant aperçu de loin Folleville, s'empressèrent de donner l'ordre au cocher de s'arrêter à la porte de notre jeune homme, qui fut fort surpris en apercevant de sa fenêtre une voiturée de femmes jeunes et élégantes descendre de calèche pour envahir sa demeure, en l'appelant à haute voix par son nom.

— Comment, c'est vous, mes petits agneaux? fit Folleville en reconnaissant la belle Sainte-Agathe, la grosse Montplaisir et deux de leurs amies dans ces femmes bruyantes, rieuses et mouillées jusqu'aux os.

— Nous-mêmes, cher ami, en partie de plaisir, arrivant de Versailles par les bois, surprises par l'orage, trempées comme des soupes, et qui, t'ayant reconnu de loin, au moment où tu entrais dans cette maison, sont accourues pour te demander l'hospitalité, répondit la Sainte-Agathe.

— Est-ce que c'est ici votre demeure champêtre, mon petit Adrien ? demanda la grosse Armanda de Montplaisir.

— Oui, ma chère ; j'ai loué cette villa afin de me retirer du monde et de m'y convertir.

— Ah bah ! tu te convertis, mon bichon ?

— J'essaie, du moins, répliqua Folleville à Sainte-Agathe.

— Alors, cher, fais du bien à ton prochain, ainsi l'ordonnent les préceptes de l'Évangile, en nous faisant faire du feu pour réchauffer nos membres glacés et sécher nos robes ; puis encore, préparer un bon dîner, car nous sommes décidées à passer avec toi le reste de cette diluvienne journée.

— Impossible, mes petits anges, vu que, dans la maison voisine, demeure ma vieille tante dont je dois hériter; femme très susceptible sur les mœurs, et qui se formaliserait fort si elle s'apercevait de votre présence chez moi.

— Eh bien, laissons la vieille roupiller en paix, en ne faisant que le moins de bruit possible, dit Sainte-Agathe tout en se déshabillant, à l'exemple de ses compagnes, pour ne conserver que corset et jupon.

— Mais au moins, petits démons, desquels je prends en pitié l'humidité, promettez-vous d'être raisonnables et de ne pas vous montrer aux fenêtres, surtout à celles qui donnent sur le jardin de ma tante.

— Nous le promettons et le jurons même ! firent les quatre femmes en levant la main. Sur ce, l'imprudent Folleville, chez qui les minois lutins des jeunes femmes éveillaient certains désirs égrillards, et qui, depuis deux mois vivait d'abstinence, se laissa facilement séduire et s'empressa d'appeler sa portière pour commander du feu et le dîner demandé.

— Du champagne surtout! s'écria Armanda.

— Et du madère, ajouta la Sainte-Agathe.

— Obéissez à mes convives, dame Potiche, et ayez soin de vous adresser, pour notre dîner, au plus renommé gargotier du pays, recommanda Folleville à sa pipelet.

— Jouons aux cartes en attendant, proposa une des lorettes.

— Est-elle parfaite, cette Louisa, avec ses cartes; on voit bien que c'est une joueuse de profession... Allons donc plutôt faire un tour de jardin.

— Es-tu folle, Mimi? il pleut à verse.

— Sacrebleu ! Armanda, qu'allez-vous faire dans ma chambre à coucher, pour y entrer sans cesse et d'où l'on peut vous apercevoir de chez ma tante ? s'écria Folleville.

— Chercher mon mouchoir, que j'avais laissé dans la poche de ma robe, mon bon.

— Si nous prenions l'absinthe ?

— Soit ; j'en ai justement une bouteille ici, répondit Adrien, qui s'empressa d'atteindre dans une armoire ladite bouteille et des verres.

Plus d'une grande heure passée en causerie, en rires joyeux et bruyants, dont les éclats faisaient frémir Folleville qui, à chaque instant courait aux fenêtres de sa chambre à coucher jeter un coup d'œil chez sa voisine, afin de s'assurer que tout y était paisible, puis vint le dîner, apporté par les garçons du restaurant, et que nos jeunes femmes saluent par des cris de joie.

On se met à table ; Folleville entre Sainte-Agathe et Armanda, ses deux ex-maîtresses, joyeuses épicuriennes, buveuses éprouvées, versant souvent et à plein verre.

Au fur et à mesure que le dîner s'avançait, la gaieté devenait plus vive et plus bruyante, car les têtes se montaient au point que Folleville, oubliant la prudence, élevait ses éclats joyeux au diapason de ses belles convives. Arriva le dessert :

alors, bruyante orgie, chansons grivoises répétées en chœur avec grand accompagnement de coups de couteau frappés sur les assiettes et les verres. Puis ces dames qui, semblables aux bacchantes, en jupons courts et blancs corsets, entament des danses échevelées dans le salon, et poursuivent leur galop infernal jusque dans la chambre à coucher, dont elles ont ouvert les fenêtres afin de pouvoir prendre l'air plus à leur aise; tout cela, après avoir enterré sous la table leur amphytrion ivremort.

La deuxième heure du matin sonnait au loin à l'église du village, lorsque, fatiguées de joie, de cris et de bombance, les quatre femelles pensèrent qu'il était temps de retourner à Paris, et qu'elles remontèrent dans la calèche qui les avaient amenées, après y avoir elles-mêmes transporté Folleville endormi, voulant lui jouer le tour de l'emporter avec elles à Paris, où, sur les quatre heures du matin, il fut déposé chez Armanda de Montplaisir, la seule des quatre dont le cœur fut vacant pour le quart d'heure.

Grande fut la stupéfaction du jeune homme en se réveillant et après s'être frotté les yeux pour mieux s'assurer qu'il était éveillé, et se trouvant chez Armanda et couché avec cette fille qui, en ce moment, dormait d'un profond sommeil, quoique la pendule marquât neuf heures du matin.

— Mille dieux! réveille-toi, drôlesse, s'écria Adrien en secouant rudement la lorette qui, ainsi éveillée en sursaut, ouvrit un œil, puis deux, et se mit à rire au nez du jeune homme.

— Allons, réponds! Comment se fait-il que je sois chez toi? qui m'y a amené et de quel droit?

— Ta volonté, cher, celle que tu as manifesté de venir à Paris et de passer la nuit avec moi.

— Comment! il est possible que j'aie voulu ça?

— Bien voulu; et, comme tu étais alors dans les vignes du Seigneur, il eût été impossible de te refuser ce caprice, auquel mes amies et moi avons cédées.

— Voilà ce que c'est que de recevoir mauvaise société, cela ne vous fait faire que des sottises... Grand Dieu ! pourvu que vous n'ayez point abusé de l'ivresse dans laquelle vous m'avez plongé, jolies impures, pour me compromettre envers ma tante par vos extravagances décolletées ? s'écria Folleville inquiet.

— En fait de tante, nous n'avons aperçu qu'une très jolie dame, à l'air assez chipi, qui, en nous apercevant par tes fenêtres, nous a fermé fort impertinemment la sienne au nez, en nous adressant une grimace fort dédaigneuse.

— Malheureuses ! vous avez enfreint mes recommandations ! vous vous êtes montrées !

— Pourquoi pas ? Toi-même es bien venu t'accouder avec nous, sur le balcon, et faire le polichinelle, que c'était à en crever de rire.

— J'ai fait le polichinelle, dis-tu, Armanda ?

— Un peu que je dis ; et même que c'était la grande Louisa qui faisait le commissaire.

— Et penses-tu que la jeune dame qui était chez ma tante m'ait vu faire ces extravagances ?

— Pardienne ! et tout du long encore, à travers de ses rideaux, derrière lesquels elle se tenait cachée.

— Fatalité des fatalités! s'écria Folleville furieux en sautant à bas du lit.

— Eh bien ! où vas-tu donc, mon petit ?

— Me noyer ou me pendre, répondit le jeune homme en passant son pantalon.

— C'te bêtise ! Et à propos de quoi ce parti extrême ? demanda la lorette.

— Cela ne te regarde pas !

— Dis donc, Adrien ? si tu te décides véritablement à te détruire, fais-moi ton héritière, moi que tu as aimé quinze jours.

— Que doit-elle penser de moi maintenant? Elle doit me mépriser, elle va me fermer sa porte, me priver à jamais de son adorable présence, disait Folleville tout en s'habillant avec empressement.

— Décidément, je te crois toqué, mon bon, reprit Armanda.

— Non, mais désespéré d'avoir donné asile à des drôlesses de votre espèce, qui m'ont compromis auprès de la femme charmante dont mon cœur est épris; une femme magnifique et du meilleur genre.

— Dame! il fallait donc nous prévenir qu'il y avait du sexe honnête et susceptible, on se serait observé.

— Adieu, Armanda ; au plaisir de ne plus te revoir ni recevoir, répliqua Folleville en prenant son chapeau pour quitter aussitôt la lorette, sans égard pour les reproches qu'elle lui débitait.

Deux heures après, Folleville rentrait dans sa demeure de Ville-d'Avray, dont le portier et la portière, en train de fricoter les restes du festin de la veille, qu'ils arrosaient de bordeaux et de champagne, l'accueillirent le sourire sur les lèvres, en s'écriant :

— Enfin, elles vous ont donc lâché, ces petites farceuses ? Dieu qu'elles sont y aimables, ces femmes-là ! Qu'eux luronnes, qu'eux bonnes enfants ! Et généreuses donc! comme l'or! Vingt francs de pourboire qu'elles m'ont mis dans la main en partant.

— On voit tout de suite que c'étions des femmes ben comme il faut, ajouta la portière aux éloges de son époux.

— En effet, très comme il faut, répliqua sèchement Folleville en s'éloignant pour monter chez lui, où il s'empressa d'aller donner un coup d'œil chez sa voisine, madame Olivier, où tout était calme et clos.

— Allons-y, du courage! Peut-être ne me parlera-t-elle de rien, autrement, je lui dirai... je ne sais quoi... Encore, si je n'avais pas fait le polichinelle... Eh bien! je lui avouerai qu'ayant reçu... mes cousines, que je me suis grisé sans le vouloir en voulant fêter leur bienvenue.

Folleville, sans plus attendre, et après avoir fait une nouvelle toilette, se rendit chez sa voisine où le reçut la femme de chambre pour lui annoncer, en lui souriant au nez, que sa maîtresse n'était pas visible.

— Je reviendrai plus tard.

— Ce serait inutilement, monsieur, car madame ne recevra personne de la journée.

— Alors, demain, reprit le jeune homme.

— Ni demain, ni après, ni jours suivants... Monsieur doit comprendre? fit la chambrière.

— Très bien! Que je suis congédié.

— Madame a besoin de repos et de silence, surtout dans sa position; ensuite, elle attend le retour de monsieur son mari d'un moment à l'autre.

— Il suffit! répliqua Folleville très contrarié, en se retirant désolé, humilié, pour aller s'enfermer chez lui, où il se jeta de mauvaise humeur sur un fauteuil placé contre la fenêtre, qui lui servait d'observatoire, et de laquelle il aperçut la dame de ses pensées qui, seule dans son salon, travaillait à un ouvrage de tapisserie.

« La cruelle ! me priver de la voir, me fermer impitoyablement sa porte... Pourquoi diable aussi me suis-je avisé de recevoir ces femmes, ces impures, dont la désinvolture aura scandalisé mon adorable voisine.

Tandis qu'il raisonnait ainsi, cherchant dans sa tête un expédient pour réconcilier sa voisine avec lui, le bruit d'une voiture qui s'arrêtait à la grille de la maison de Flora, lui fit avancer la tête pour apercevoir un riche équipage, d'où venait de descendre un élégant personnage, au-devant duquel accourut respectueusement la femme de chambre de Flora.

— Votre maîtresse est-elle visible ?

— Oui, monsieur le duc ; je vais vous annoncer, répondit la servante.

—Fichtre ! un duc ! Serait-ce son amant ? pensa Folleville, aux oreilles duquel était venu sonner le titre du visiteur.

— Vous, monsieur ? fit Flora en pâlissant et en se levant vivement.

— Ma visite a droit de te surprendre, j'en conviens, surtout après t'avoir interdit ma demeure, chère fille, mais j'ai tant de choses à te dire, que je me suis décidé à venir te troubler dans ta solitude, répondit le duc en se jetant sur un fauteuil.

—Je vous écoute, fit froidement la jeune femme en reprenant sa place.

— Dis-moi d'abord, Flora, à quoi tu en es avec ton mari?

— Vous ne devez pas ignorer, monsieur, que je ne vois plus mon mari?

— Je le sais; mais au moins, tu entends parler de lui?

— Pas davantage. Mais de grâce, abordons le sujet de votre visite.

— Je viens te prévenir de l'arrivée du marquis d'Artigue, ton oncle, lequel, de retour à Paris depuis hier matin, s'est empressé de me faire sa visite et de s'informer de toi.

— Que lui avez-vous répondu? demanda la jeune femme tremblante.

— Je lui ai appris ton mariage, qu'il approuve, et duquel il m'a félicité. Seulement, le marquis désire te voir, connaître ton mari, quoi lui répondre ?

— Que M. Brémond s'est séparé de moi.

— Diable ! mais il en demandera la raison. Faudra-t-il lui avouer que ton orgueil et le mépris que tu lui as témoignés, l'ont seul poussés à ce parti extrême ?

— Monsieur, dites ce qu'il vous plaira, que m'importe ! Mais je vous en préviens, tenez-vous sur vos gardes, car M. Brémond, qui soupçonne la vérité et vous accuse d'être mon séducteur, ne se propose rien moins que d'aller exposer ses griefs et ses doutes au marquis d'Artigue.

— En effet, ce Ferdinand m'a menacé de cette démarche, sur le refus que je lui ai fait de lui nommer le prétendu personnage.

— Et vous ne redoutez pas l'effet de cette menace qui vous perdra, monsieur ?

— J'en comprends, au contraire, tout le danger ; mais, comme il dépend de toi seule de me tirer de ce mauvais pas et d'empêcher le sang de couler, je suis tranquille.

— Je ne vous comprends pas ? dit Flora.

—Il ne s'agit tout simplement, de ta part, que de ne point t'écarter de la fable que nous avons imaginée, en soutenant au marquis que ton violateur a péri de ma main.

— Il ne me croira pas, monsieur ; d'autant mieux qu'il vous est impossible de désigner ce coupable, de donner un nom à cet être idéal, répliqua Flora.

—Sambleu! il ne s'agit point ici de perdre la tête, mais de soutenir, mordicus! seul moyen de détruire les accusations de Ferdinand Brémond, qu'à dire vrai, nous n'avons pas assez ménagé, surtout toi, chère amie, qui, voulant rester ma maîtresse en dépit de la raison et de ton mari, m'a fait un ennemi de ce dernier, en ne lui accordant pour toute faveur que ton indifférence.

— Oui, j'ai eu ce tort, monsieur ; ah ! c'est qu'alors, vous n'aviez pas désillusionné mon cœur ; c'est que l'homme qui avait fait de moi sa maîtresse et m'avait ravi l'honneur, m'apparaissait encore comme un ami tendre, sincère et dévoué, parce que cet homme, duquel, dans mon fol et ridicule amour, je me plaisais à excuser la coupable conduite, ne m'avait pas fait comprendre que je n'avais jamais été pour lui qu'un passe-temps, un caprice, un jouet enfin, dont il était heureux de se débarrasser en le jetant dans les bras du premier venu. Infamie ! Quoi, après avoir abusé de ma jeunesse, de mon inexpérience, après avoir violé l'enfant de votre sœur, l'enfant confié à votre honneur, auquel vous deviez servir de père ; après avoir fait de moi une fille impure, méprisable, vous venez m'engager à détourner par le mensonge la honte qui vous menace ! Allons ! vous me croyez donc bien faible et sans cœur ? Duc de Crosy, le châtiment s'avance pour vous comme pour moi ; courbons la tête et prions Dieu qu'il nous pardonne.

— Sotte imprudente, qui ne devine pas que cette infamie, qu'elle me prédit, rejaillira jusque sur elle, et que la société, en lui faisant partager la honte de ma faute, la repoussera impitoyablement de son sein, comme un être perverti ; qui m'accuse de l'avoir sacrifiée, d'avoir cessé de l'aimer! qui n'a pas voulu comprendre, qu'en lui donnant un époux, en l'éloignant de moi, je ne voulais que sauver son honneur et le mien! s'écria le duc avec colère.

Puis, s'apaisant aussitôt, et en essayant de prendre la main de Flora, qui la retira brusquement :

— Flora, reprit-il, à tout prix il faut empêcher que la démarche, que Ferdinand se propose de faire auprès du marquis, s'accomplisse. Ferdinand t'aime, il te regrette ; or, une simple démarche auprès de lui désarmera sa colère. Va donc le trouver, il en est temps encore.

— Ferdinand, monsieur, me recevra, je le sais ; un mot amical sorti de ma bouche apaisera sa rancune, mais il exigera de moi que je lui nomme mon séducteur, et si je lui obéis, il vous tuera!

— Ou je le tuerai, fit le duc avec un sourire ironique.

— Il vous tuera, vous dis-je, car c'est à ce prix que je lui donnerai mon cœur.

— Mille dieux! vous en voulez donc à ma vie, chère nièce? s'écria le duc en se levant précipitamment.

— Monsieur le duc, j'ai fait le serment de n'aimer jamais, tant que celui qui m'a déshonorée existerait.

— Il suffit. Et, puisqu'il en est ainsi, chère nièce, préparez votre deuil, car ce soir ou demain au plus tard, vous serez veuve.

Cela dit, le duc s'éloigna d'un pas rapide, et comme il se dirigeait vers sa voiture, il fut se heurter dans Folleville qui l'attendait au passage.

—Parbleu, je ne me trompais pas ! c'est encore vous, monsieur le duc, qui, pour une seconde fois, venez me ravir la femme dont je suis amoureux. Passe pour Alice Dufresne, qui n'était qu'une lorette et que j'ai consenti à vous laisser en toute propriété; mais aujourd'hui qu'il s'agit de la belle Olivier, d'une femme dont je suis amoureux fou, c'est différent, et mon intention est de vous la disputer les armes à la main.

— Vous êtes un fou, mon cher! Prenez garde de m'échauffer les oreilles, car je suis fort mal disposé en ce moment, répondit le duc en repoussant brusquement le jeune homme, pour s'élancer dans sa voiture, qui l'emporta, avant que Folleville eût eu le temps de se remettre de la pirouette que son prétendu rival venait de lui faire faire.

— Le lâche! il se sauve; mais je le retrouverai, et malheur à lui! fit le jeune homme, tout en regardant l'équipage fuir au loin.

Le lendemain de ce jour, Folleville se présentait de nouveau chez Flora, pour apprendre de la femme de chambre que sa maîtresse était alitée et très souffrante. Et le soir, comme notre amoureux, en l'espoir d'entrevoir sa belle à travers ses fenêtres, se tenait accoudé sur une des siennes, protégé par l'ombre de la nuit, il lui sembla entendre des cris aigus partir de la chambre de Flora, puis il aperçut des lumières qui allaient et venaient dans la maison.

A ce mouvement inaccoutumé, Folleville devina qu'il se passait quelque chose d'étrange ; alors, n'y tenant plus, et quoique la dixième heure fut sonnée, le jeune homme s'empressa de courir s'informer, à travers la grille, à la jardinière qui, d'un ton brusque, lui répondit que ce qui se passait chez les autres ne regardait pas les curieux, et qu'il eût à laisser les gens agir chez eux comme bon leur semblaient, et cela sans s'en inquiéter.

Ainsi congédié, Folleville retourna se placer à son observatoire.

Il y avait dix minutes au plus qu'il avait repris son poste, lorsqu'il vit la grille s'ouvrir et deux hommes entrer dans la maison d'un pas précipité.

Quant à nous qui écrivons cette véridique histoire et avons le droit de pénétrer partout, nous suivrons ces nouveaux personnages, qui n'étaient autres que deux médecins, dans l'intérieur de la maison, et même jusqu'au lit où Flora qui, d'une pâleur extrême, le visage couvert d'une sueur abondante, se tordait dans les affreuses douleurs de l'enfantement, après sept mois de grossesse.

Comme il ne serait rien moins qu'agréable, ni même du domaine de la décence de suivre la pauvre femme dans toutes les péripéties des souffrances qu'elle endurait, nous dirons tout de suite que, sur les trois heures du matin, elle mit au monde un enfant du sexe féminin, qui mourut en naissant.

VII

— Sambleu! j'en apprends de belles! Quoi, il se pourrait que cet homme ait oublié ses devoirs à ce point? Que ce misérable eût été le suborneur de ma nièce, de l'enfant confié à ses soins, à son honneur?

s'écriait d'un accent furieux le marquis d'Artigue, homme d'un cinquantaine d'années, aux traits nobles et sévères, après avoir écouté les plaintes et les accusations que Ferdinand venait de lui faire entendre, après s'être présenté chez lui un matin.

— Oui, monsieur, j'accuse le duc de Crosy d'être le suborneur de sa malheureuse pupille ; je l'accuse de m'avoir lâchement trompé en m'assurant que la position de Flora était la conséquence d'un viol audacieux, et que le violateur de cette fille avait été tué par lui. Je l'accuse encore d'être le moteur de la haine et du mépris que m'a témoigné Flora d'Artigue, ma femme, qu'il excitait sans doute contre moi, moi qu'il n'avait accepté en qualité d'époux de sa nièce que pour donner un nom à l'enfant dont il est le père.

— Corbleu ! tout cela me semble très vraisemblable et demande une punition terrible !... Ah ! malheur à lui, s'il refuse de me nommer celui sur lequel il rejette son infamie ! oh ! oui, malheur à lui ! maintenant, instruisez-moi du lieu qu'habite ma nièce, car je veux la voir, l'interroger, la contraindre de m'avouer la vérité... Mieux encore, conduisez-moi auprès d'elle.

— Flora, monsieur, sous le nom de madame Olivier, habite le village de Ville-d'Avray ; quant à vous accompagner chez elle, veuillez m'en dispenser.

— Quoi ! vous refusez de la voir ? Vous la haïssez donc ?

— Je l'aime, monsieur, je l'adore, je souffre loin d'elle, et n'ose m'en rapprocher dans la crainte de l'irriter encore plus contre moi, tout en espérant cependant qu'un jour, daignant me rendre plus de justice, elle deviendra moins sévère à mon égard.

— Il faudra bien qu'elle en arrive là, sambleu ! et qu'elle se réjouisse, s'honore même, d'être la femme d'un brave et honnête homme tel que vous.

— Vous me flattez sans me connaître, monsieur, fit Ferdinand.

— Je vous connais, mon neveu, grâce aux informations que j'ai prise sur votre compte, depuis six jours que je suis de retour à Paris, et cela, après avoir entendu M. de Crosy, qui ne vous ménage guère, et conçu des doutes sur la sincérité des méfaits dont il vous accuse, lesquels, selon son dire, auraient forcé votre femme de se séparer de vous.

— Je vous ai dit, monsieur le marquis, que c'est moi, moi seul qui, outré, désespéré et la tête perdue, me suis séparé de ma femme dont il m'était impossible de supporter davantage les insultes et le dédain, répliqua vivement Ferdinand.

— Oui, oui! et vous avez bien fait... Ainsi, vous refusez de m'accompagner chez Flora, et je comprends votre crainte. J'irai donc seul, reprit le marquis.

— Et c'est avec la plus vive impatience, monsieur, que j'attendrai votre retour.

— Afin de savoir si nous devons, oui ou

non, tuer M. de Crosy, n'est-ce pas?

— Oui, monsieur le marquis.

— Eh bien! nous serons bientôt fixés tous deux sur ce point.

Le marquis tarda peu à congédier Ferdinand pour monter en voiture et se faire conduire à Ville-d'Avray, où il se présenta à la villa.

— Madame est malade, monsieur, et ne peut recevoir, répondit-on au marquis.

— Je suis son oncle, le marquis d'Artigue; allez le dire à votre maîtresse.

— Je ne demanderais pas mieux que d'exécuter vos ordres, monsieur; mais ce serait en vain, car ma pauvre maîtresse est en ce moment sans connaissance, et les médecins tremblent pour ses jours, répliqua le valet auquel s'adressait le visiteur.

— Elle est malade à ce point, et vous avez la prétention de m'empêcher de la voir ! arrière, mon ami, laissez-moi passer, répondit le marquis en écartant le valet pour pénétrer dans la maison et se rendre à la chambre à coucher de Flora, où il pénétra sans bruit pour s'approcher du lit dans lequel était étendue sa nièce, pâle, livide, respirant à peine, et sur qui veillaient un médecin et la femme de chambre.

Le marquis regarda sa nièce en silence, et une larme mouilla sa paupière.

— Monsieur, demanda-t-il au médecin après l'avoir attiré dans une pièce voisine, ma nièce est-elle véritablement en danger?

— Oui, monsieur ; les suites de sa couche laborieuse menacent d'être funestes.

— Et son enfant? interrogea le marquis.

— Mort aussitôt après être né, répliqua l'homme de l'art.

—Monsieur, déployez toute votre science pour sauver ma nièce, et ma reconnaissance sera sans borne.

— Mon devoir me commande d'agir ainsi, monsieur le marquis; mais j'ai peu d'espoir de réussir.

— Dieu vous secondera sans doute, monsieur, et un miracle lui est facile.

Le docteur secoua la tête en signe de doute, puis, un faible cri poussé par la malade le fit vivement courir auprès d'elle. suivi du marquis. Flora, arrachée par une vive douleur à l'anéantissement dans lequel elle était plongée depuis trois jours, entr'ouvrit faiblement la paupière pour fixer d'un regard morne le médecin penché sur elle, et qui épiait d'un œil attentif les progrès de la crise qui venait de s'opérer dans la position de la jeune femme.

Le marquis, en voyant Flora ouvrir les yeux, s'était prudemment jeté de côté et caché derrière un rideau, pensant que sa présence inattendue pourrait être funeste à Flora, surtout en un pareil moment.

— Monsieur, Dieu vous a entendu lorsque vous appeliez sa grâce à mon aide, il y a un instant, maintenant, j'ose presque espérer, car il vient de s'opérer chez notre intéressante malade une crise heureuse ; cependant, je n'ose encore répondre de rien, disait le médecin après avoir pris le marquis à part.

— Monsieur, ayant confiance en Dieu et en votre talent, je me retire plein d'espérance, mais pour revenir bientôt accompagné d'une personne amie, dont les soins à donner à notre chère malade seconderont les vôtres. Quant à moi, que ma nièce n'a revu depuis plusieurs années, et dont la présence inattendue, surtout en ce moment, pourrait lui occasionner une vive et dangereuse émotion, je me réserve de ne me faire voir à elle que le jour où, sans craindre pour sa santé, il me sera permis de la presser sur mon cœur.

Le docteur approuva cette prudente précaution de la part de l'oncle, et promit de ne point quitter la malade avant qu'il ne fût de retour.

Le marquis alors s'éloigna, et, comme il se disposait à remonter en voiture, notre ami Folleville s'empressa de s'approcher poliment de lui, en lui disant :

— Pardon, monsieur; vous sortez de chez madame Olivier, ma voisine; seriez-vous alors assez bienveillant pour me donner des nouvelles de cette charmante dame.

— Ma nièce, monsieur, est fort mal; cependant, une crise qui vient de s'opérer à l'instant en elle, me fait espérer que Dieu nous la conservera.

— Oh! merci, merci! monsieur, s'écria Folleville.

— Merci de même, monsieur, de l'intérêt que vous daignez prendre à la santé de ma pauvre petite nièce.

— Tenez, monsieur, on ne m'ôtera pas de l'idée que cet accouchement inattendu, précipité, qui vient de mettre la vie de madame votre nièce en danger, ne soit le résultat d'une scène violente qu'est venu lui faire, ces jours derniers, un certain duc de Crosy de ma connaissance.

— Le duc de Crosy est venu ici, dites-vous ?

— Oui, monsieur ; et que même j'ai provoqué cet homme, en faveur duquel j'ai au cœur une vieille rancune, dont il faudra qu'il me rende raison tôt ou tard.

— Si le duc vous a offensé, vous n'êtes pas le seul qui ait à se plaindre de sa déloyauté. Croyez-moi, laissez à ceux-là le soin de le puir, et ne risquez pas votre jeune existence dans un duel inégal, car le duc de Crosy est un dangereux champion. Maintenant, merci et adieu, monsieur, termina le marquis tout en montant dans sa voiture pour retourner à Paris, et se faire conduire en la demeure de Ferdinand, qu'il trouva chez lui en compagnie de Darbel et d'Angélique, auxquels il s'empressa d'apprendre la délivrance et la maladie de Flora, à laquelle il allait s'empresser d'envoyer deux sœurs de charité en qualité de garde-malades.

— Monsieur le marquis, ces saintes femmes, tout en prodiguant leurs soins pieux et attentifs à votre nièce, l'entretiendront des joies du ciel en la détachant des affections terrestres ; mais ce n'est pas précisément ce qu'il nous faut en la position actuelle où se trouve mon ami Ferdinand et sa femme. Croyez-moi, c'est un être dévoué aux intérêts de ces deux époux qu'il nous faut envoyer; enfin, un être bon, patient, voulant la concorde sur la terre, et désireux de la réconciliation de ces deux époux, qui n'ont su ni se comprendre ni s'apprécier, parce qu'il leur manquait un ami pour les bien conseiller et placer mains l'une dans l'autre. Ce précieux conciliateur que je vous offre, le voilà! termina Darbel en indiquant sa femme. Oui, ajouta-t-il, c'est l'ange de paix et de bonté qui ne demande pas mieux que de se dévouer à la noble tâche de soigner votre nièce, et de la convertir en faveur de Ferdinand.

— Serait-il possible, madame, que vous fussiez assez charitable pour accepter une mission toute de fatigue et de résignation? fit le marquis en s'adressant à la jeune femme.

— Oui, monsieur, tel est mon désir, répondit Angélique, dont le marquis prit la main pour la porter respectueusement à ses lèvres en lui disant :

— Merci, madame, merci !

Ce jour même, Angélique, accompagnée de son mari et de Ferdinand, partait pour Ville-d'Avray.

— Encore des visiteurs! Décidément c'est une procession aujourd'hui, disait Folleville, en apercevant de sa fenêtre descendre les deux jeunes gens et Angélique de voiture, à la grille.

— Mais, j'y pense! moi qui dessèche de chagrin de ne pouvoir la voir, et à qui de maudits valets ferment impitoyablement la porte de sa demeure, si je me faufilais parmi ces visiteurs pour parvenir jusqu'à elle?... Essayons!

Cela, vivement pensé, et voyant les deux jeunes gens qui, arrêtés dans le parterre, semblaient se consulter avant d'entrer dans la maison où les avait devancé Angélique, Folleville s'empressa de quitter sa chambre, pour vivement dégringoler son escalier, et, profitant de ce que la grille de la villa était ouverte, qu'aucun valet ne se trouvait là pour l'arrêter au passage, selon l'habitude, Folleville donc se faufila dans le parterre en marchant droit aux deux jeunes gens.

— Toi ici, Folleville, par quel hasard ?

— Toi ici, Brémond, comment cela se fait-il? fit à son tour Folleville.

— Hélas, mon ami, je viens voir ma femme.

— Comment, ta femme! elle est donc ici ?

— Certainement, c'est elle qui, sous le nom de madame Olivier, habite cette maison depuis plusieurs mois.

Folleville, abasourdi, rougit, pâlit et sent ses jambes se dérober sous lui.

— Mais qu'as-tu donc, mon ami ? Serais-tu indisposé? reprit Ferdinand.

— Oh! rien! le sang qui vient de me monter à la tête... Ah! madame Olivier est ta femme, la riche et noble demoiselle que tu as épousée?... Mais comment se fait-il que tu vives à Paris et elle ici? Que...

— Folleville, tu sauras peut-être tout cela plus tard; mais aujourd'hui que je suis tout à l'inquiétude que me cause la position dangereuse de Flora, permets que je ne reste pas plus longtemps avec toi... Où demeures-tu?

— Ici, dans cette maison, répondit Folleville d'une voix étouffée, en indiquant sa maison.

— Eh bien, j'irai te voir, reprit Ferdinand en pressant la main d'Adrien, pour ensuite s'éloigner avec Folleville et entrer dans la villa.

— Sa femme! elle est sa femme! Fatalité!... Mais est-il donc écrit là-haut que toutes les femmes que j'aimerai, m'échapperont? Allons, plus d'espoir; retournons à Paris, et tâchons, une autre fois, de placer mieux mes affections... Sa femme! elle est sa femme!! répéta le pauvre déceptionné en regagnant sa demeure, où il donna aussitôt l'ordre à son concierge de faire sa malle et de la porter au chemin de fer.

V

— Ah! c'est vous, mon cher d'Artigue, soyez le bienvenu, disait le duc de Crosy en recevant le matin la visite du marquis, visite qu'il attendait depuis plusieurs jours et redoutait fort.

— Oui, monsieur le duc, moi qui viens vous apprendre la délivrance de notre nièce Flora, votre ex-maîtresse, et la mort de l'enfant, issu de votre amoureux commerce avec elle, répondit le marquis d'un ton sévère, et dans le regard duquel brillait une colère mal contenue.

— Quelle plaisanterie! Et pour quel motif, marquis, m'honorez-vous du titre d'amant de notre nièce?

— Monsieur, il est inutile de nier votre infamie que, dans son délire a révélé la victime de votre débauche. Duc, vous avez déshonoré ma nièce, l'enfant de mon frère, celle envers qui vous vous étiez engagé de tenir lieu de père, de famille. Duc de Crosy, vous êtes un lâche! un infâme, un misérable! cria le marquis en frappant le duc au visage.

— Malheureux! tout ton sang pour un pareil outrage! fit le duc en se levant vivement pour courir à une armoire, en tirer deux épées, et en jeter une aux pieds du marquis.

— Infâme! si je te tuais sans témoin, dans ta propre demeure, je passerais pour un assassin! Viens donc sur un terrain neutre, et, à la face du ciel, recevoir la punition de ton crime, en mourant de ma main, que guidera l'ombre de mon frère, que tu as outragé dans sa fille.

—Marquis, tu as flétris ma joue, je veux te tuer! En garde, marquis! en garde! reprit le duc furieux en dirigeant la pointe de son épée vers la poitrine du marquis.

— Bas votre arme et suivez-nous, dirent Ferdinand et Darbel, en paraissant dans la chambre. Duc de Crosy, c'est moi le mari de votre ex-maîtresse, moi qui ne veux pas qu'il existe plus longtemps sur terre un homme qui puisse dire qu'il a été l'amant de ma femme, revendique le droit de me battre le premier avec vous.

— Et moi, celui de venger mon ami Ferdinand Brémond, si vous avez la maladresse de le tuer, dit à son tour Darbel.

— Ah! ah! trois contre un. Bien joué! fit le duc en ricanant.

— Jeunes gens, contentez-vous d'être mes témoins, car c'est à moi, que cet homme a insulté le premier dans la personne de ma nièce, qu'appartient sa vie, fit le marquis d'Artigue.

— Monsieur le marquis, cet homme s'est joué indignement de ma confiance, cet homme a été le violateur de ma femme, cet homme qui est une honte pour moi ne doit plus exister ; s'il me tue, c'est à vous que je lègue ma vengeance ; mais au nom du ciel, laissez-moi essayer de le frapper avant vous.

— Diable ! mais tâchez de vous entendre, mes fougueux champions, à moins qu'il ne vous plaise de croiser tous les trois ensemble vos fers contre le mien. Autrement, pour vous donner le temps de décider la question, et à moi celui de me procurer des témoins, je fixe notre rencontre à demain matin, six heures, au bois de Boulogne, au pied de la croix Catelan, où vous me trouverez exact au rendez-vous. Maintenant, au revoir, messieurs, termina le duc en se reculant jusqu'à une porte secrète, par laquelle il disparut subitement aux yeux des trois adversaires, lesquels, surpris et colères, n'eurent d'autre parti à prendre pour le moment que celui de se retirer.

Dans l'après-dîner de ce même jour, Folleville, de retour à Paris depuis trois jours et le cœur gros de soupirs, se promenait triste et solitaire aux Champs-Élysées, dans une des avenues qui longent la chaussée, lorsqu'il s'entendit appeler par son nom et reconnut que cette voix partait d'une voiture, dans la portière de laquelle s'encadrait souriante la gracieuse figure d'Alice Dufresne, son ancienne et infidèle maîtresse.

Folleville s'empressa de s'avancer vers la voiture pour saluer la dame et presser la petite main gantée et parfumée qu'elle lui tendait.

— M'en voulez-vous toujours, Adrien? demanda Alice.

— Toujours. Cruelle, moi qui vous aimais tant!

— Et moi donc! Montez un instant près de moi ; je vais au bois et vous me tiendrez compagnie.

— Volontiers, charmante infâme que je hais, répliqua Folleville en s'installant dans la voiture à côté de la jolie femme, dont il reprit la main pour la presser avec tendresse.

— Eh bien, mon bon, vous avez bien

tort de m'en vouloir, et vous n'êtes qu'un ingrat.

— Comment, ingrat! Parce que vous avez donné congé à mon cœur en faveur de votre duc, de cet homme qui, sans cesse, vient se mettre en tiers dans toutes mes amours, et avec lequel j'aimerais à me rencontrer face à face, l'épée au poing.

— C'est ça, pour vous faire tuer par lui.

— Vous croyez ça, toute belle? Vous ne savez donc pas que vous avez devant vous un élève, passé maître, du célèbre Grisier; mieux, que je fais d'une pièce de quarante sous un anneau d'argent, en l'atteignant à cinquante pas avec la balle d'un pistolet.

— Holà ! Et moi, qui vous prenant pour un être naïf et sans défense, afin d'éviter un duel entre vous et le duc, ai consenti à renoncer à vous, ce qu'exigeait votre rival en faveur de votre vie sauve.

— Merci cent fois de votre générosité, Alice, quoique vous ayez eu grand tort de m'empêcher de tuer M. de Crosy qui, sans cela, à l'heure qu'il est, dormirait du sommeil du juste.

— Adrien, ne faites-vous pas ici un peu de fanfaronnade ? demanda Alice en riant.

— Corbleu ! belle reine, vous venez d'élever ici un doute sur ma bravoure et mes capacités qui coûtera cher à votre duc, s'il s'avise jamais de me regarder de travers.

— Eh! mais, vous êtes une mauvaise tête, à ce qu'il me semble?

— Très près du bonnet, surtout en ce moment où je suis malade de déception.

— Quoi, la chance ne vous est pas favorable?

— Non, toute belle, jugez-en : J'ai commencé par perdre en vous une maîtresse adorée, qui faisait mon orgueil; ensuite, ma chère petite cousine Constance, que j'adorais, à laquelle devait m'unir le plus doux nœud, s'est laissée séduire et épouser par un petit cousin, aspirant de marine, qui avait eu l'indélicatesse de la courtiser en arrière de moi. Autre douleur, chère amie: j'avais, lors d'une promenade dans les bois, fait la rencontre d'une personne adorable, se disant la femme d'un mari en voyage. Afin d'être mieux à même de courtiser cette Ariane délaissée, qui habitait une élégante villa, située à Ville-d'Avray ; je vais demeurer porte à porte avec elle ; là, je la courtise, la chauffe, je deviens son accompagnateur au piano, grâce à mes quelques talents sur le violon, et, lorsque je crois toucher au but auquel j'aspirais, je découvre que la belle n'est autre que la femme de mon ami Ferdinand Brémond.

— La belle Flora d'Artigue, alors ; la maîtresse de son oncle tuteur, le duc de Crosy qui, après lui avoir fait un enfant, s'est empressé de s'en débarrasser en la mariant à votre ami, interrompit Alice, tout en riant aux éclats.

— Comment, ce misérable était le séducteur en personne, lorsqu'il prétend l'avoir occis de sa main? Bien ! encore un grief de plus contre ce duc maudit, qui se permet de voler mon ami intime en lui repassant ses restes.

— Décidément, Adrien, je vois, d'après vos dispositions, ce pauvre duc dans de bien mauvais draps... Je vous en prie, ne me le détéroriez pas, mon petit : il est si généreux !

— Il est donc toujours votre amant ?

— Hélas, oui ! Je suis constante en amour !

— Petite hypocrite que vous faites !... Ça, est-ce que vous ne consentiriez pas de nouveau à vous départir un peu de cette constance en ma faveur, pour moi qui, rien qu'en vous revoyant, sent renaître dans mon cœur tout l'amour et les désirs dont j'ai brûlé jadis pour vous ?

— Hélas! pas moyen ; depuis qu'il vous a trouvé chez moi, le duc est d'une jalousie et d'une méfiance féroces, ensuite il doit, sous peu, me donner une délicieuse maison de campagne qu'il possède à Viroflay.

—Je comprends qu'un pareil cadeau mérite des égards, mais en agissant avec prudence, il me semble, chère belle, que l'amant de cœur pourrait obtenir ses petites entrées? Ce soir, par exemple!

— Impossible! J'attends le duc ce soir, à onze heures, répliqua vivement Alice.

— Alors, j'irai chez vous à huit, et en partirai à dix, hein!... Est-ce convenu ?

— Je n'ose vous promettre, Adrien, car je vous sais tenace, et vous n'auriez qu'à vouloir occuper la place la nuit entière, en dépit du traité.

— Fi donc ! vous priver, par ce manque de foi, d'une maison de campagne, j'en suis incapable et vous jure de quitter la place à dix heures précises...Allons, chère Alice, un peu de pitié pour moi qui t'aime et n'ai pu t'oublier.

— Venez donc, alors, vilain câlin, mais par le petit escalier. Ma femme de chambre vous attendra et vous indroduira secrètement, afin que mes autres gens ne vous aperçoivent pas, car, parmi eux, j'en soupçonne de vendus au duc.

— Merci, mon Alice, merci ! Et, pour mieux nous voir en paix, nous réunir loin du jaloux, demain, je cherche un appartement et monte mon ménage, ce dont, jusqu'alors, mes nombreuses affaires m'ont empêché de m'occuper.

Une longue promenade au bois, un instant de repos goûté en cabinet particulier de la porte Saint-James, et les deux amants revinrent à Paris où, à peine rentré chez lui, Folleville prit la plume pour tracer les lignes suivantes, qu'il adressait au duc de Crosy :

« J'ai revu aujourd'hui Alice Dufresne,
« j'en suis redevenu amoureux fou et la
« reprends pour maîtresse. C'est vous dire
« que je vous défends de vous représenter
« chez elle, sous peine de me faire raison
« de votre désobéissance.

« *Avis* : Je vous dirai que j'ai toujours
« sur le cœur votre rebuffade de Ville-d'A-
« vray, celle dont vous avez osé me grati-
« fier, lorsque vous sortiez de chez votre
« maîtresse, nièce et pupille Flora d'Arti-

« gue, par votre grâce, femme Brémond.
« Mon Dieu, que j'ai donc le désir de me-
« surer mon épée avec la vôtre, ou de
« jouer au tir en vous prenant pour but...
« Ce soir, à huit heures, je serai chez Alice,
« d'où probablement je ne sortirai que
« demain ; or, s'il vous plaisait de m'indi-
« quer un rendez-vous, à une heure quel-
« conque, venez donc m'en instruire dans
« le boudoir de votre... de notre maî-
« tresse. J'y compte ! »

Cette lettre écrite, Folleville attendit la septième heure du soir pour la faire porter chez le duc de Crosy, lequel la reçut dans son cabinet où, en prévision des duels qu'il avait pour le lendemain, s'occupait à mettre de l'ordre dans ses affaires.

— Sambleu ! c'est par trop d'audace et

d'insolence ! s'écria le seigneur après avoir lu ; voilà un petit drôle qui mérite d'être châtié d'importance, et auquel je réserve une rude leçon.

Cela dit, et comme la pendule marquait neuf heures, le duc commanda sa voiture, s'arma d'une canne et partit pour se rendre chez Alice Dufresne.

— Madame est sortie, monsieur ; elle ne rentrera pas avant onze heures, fit la femme de chambre interdite, en arrêtant le duc au passage au milieu de l'antichambre.

— Arrière, drôlesse ! fit le duc en repoussant la chambrière, pour se diriger vivement vers le boudoir, dont il ouvrit brusquement la porte, pour apparaître aux regards d'Alice, assise à ce moment sur les genoux de Folleville.

Le duc furieux s'avança, la canne levée, sur les deux amants. Alice se sauva dans un cabinet où elle s'enferma ; et Folleville, en souriant, présenta au duc le canon d'un pistolet, dont la vue abaissa subitement le bras et la canne avec.

— Je vous attendais, monsieur. Ça, à quand notre rencontre et quelle arme; je vous laisse le choix ? fit Adrien.

— Ah ça! mais vous êtes donc las de vivre, pour me provoquer avec autant d'audace ? dit le duc pâle et furieux.

— Non pas; mais beaucoup de vous rencontrer sans cesse sur mes pas, et auprès des femmes qui me plaisent et que je veux! Dites donc, cher duc, un petit duel aux flambeaux, hein, qu'en pensez-vous ? C'est original, romantique.... Le cœur vous en dit-il ? Répondez donc ! Auriez-vous peur de ne pas y voir assez pour choisir la place où vous devez me frapper ? Préférez-vous le grand soleil ? Alors, retirez-vous, et à demain la partie.

— A l'instant même, drôle ! suis-moi, fit le duc.

— Allons-y gaiement, en faveur de l'extrême honneur que me fait Votre Seigneurie en daignant se mesurer avec un roturier de mon espèce, répliqua gaiement Folleville en prenant son chapeau.

Les deux rivaux se séparèrent dans la rue, avec convention de se rejoindre deux heures plus tard, devant l'église des Prés-Saint-Gervais ; car il ne s'agissait rien moins que de se procurer des témoins et des porte-flambeaux.

A deux heures de la nuit, les adversaires se trouvaient en présence dans les bas-fonds couverts des prés, chacun accompagné de deux témoins et d'un valet porteur d'une torche de résine.

C'est l'épée qu'ils ont choisi, qu'ils croisent avec acharnement. Chacun des combattants déploie autant d'adresse que de vigueur : la chance était égale.

Un cri se fit entendre : la chute d'un corps retentit.

C'est le duc qui, frappé en pleine poitrine, vient de rouler sur la terre.

On s'empresse de lui porter secours, peine inutile, il expire dans les bras de ses témoins.

Au petit jour, c'est-à-dire sur les quatre heures du matin, Folleville pénétrait chez Alice, qu'il trouvait debout et plongée dans une vive inquiétude.

— Ma chère belle, c'est moi qui te donnerai une maison de campagne, vu que je viens de tuer ton duc ; mais comme j'ignore s'il est permis à un roturier de tuer un monseigneur en légitime défense, les armes à la main, je vais, en attendant que la question se décide, aller faire un petit tour en Suisse et en Italie. Veux-tu m'accompagner ?

— Je ne demande pas mieux, cher brave. Quand nous mettons-nous en route ? répondit Alice.

— Aujourd'hui même, fit Adrien.

Ce qui venait d'être convenu fut fait, car, le soir du même jour, le chemin de fer emportait les deux amants vers Genève.

IX

Exacts au rendez-vous convenu, le marquis d'Artigue, Ferdinand Brémond et Darbel s'étaient rendus à la croix Catelan, située dans le bois de Boulogne, non loin du lieu appelé la Mare-aux-Biches, mais ç'avait été en vain que nos personnages, durant trois grandes heures, avaient attendu leur adversaire.

— L'infâme s'est joué de nous ! Serait-ce lâcheté de sa part? s'était écrié Ferdinand.

— Je ne le pense pas, car le duc est habitué à de pareilles rencontres et n'est pas homme à reculer devant un coup d'épée. Il est à croire qu'un évènement imprévu, une cause majeure l'auront empêché de se rendre ici, répondit le marquis.

— C'est ce dont nous allons nous assurer à notre retour, fit Darbel sans détacher ses regards, qu'il tenait fixés sur les différentes avenues, qui venaient aboutir au carrefour de la croix.

— Partons, messieurs, c'est assez attendre, reprit le marquis.

Les trois personnages, ainsi que les témoins qui les avaient accompagnés, regagnèrent leurs voitures et revinrent à Paris, pour aller s'arrêter à l'hôtel du duc de Crosy, dont ils trouvèrent les gens dans la consternation, lesquels leur apprirent la mort de leur maître, tué en duel la nuit dernière.

— Que Dieu lui pardonne et fasse paix à son âme, dit le marquis pour ajouter ensuite, en s'adressant à Ferdinand :

« Monsieur, votre femme étant l'unique héritière de feu M. le duc de Crosy; et d'après les clauses de votre contrat de mariage, vous êtes ici chez vous.

— Monsieur le marquis, vous me permettrez de ne me reconnaître aucun droit sur cet héritage, tant que votre nièce ne m'y aura autorisé par un mot amical, un sourire bienveillant échappé de ses lèvres, répondit le jeune mari.

— Je comprends votre délicatesse, mon ami. Espérons qu'il en sera ainsi. Retournez donc auprès de vos femmes, messieurs, tandis que je vais ici m'occuper de quelques dispositions, afin de sauvegarder les intérêts de ma nièce, répondit le marquis.

Les deux amis prirent respectueusement congé de M. d'Artigue et se mirent en route pour Ville-d'Avray.

— Quel qu'il soit, mon cher Ferdinand, tu dois bénir la main heureuse, ou malheureuse, comme il te plaîra de la qualifier, qui vient de te débarrasser de ce duc maudit, disait en route Darbel.

— D'autant mieux que si ç'eût été moi qui l'eût tué, Flora me détesterait peut-être davantage, observa Ferdinand.

— Et pourtant, dans l'entretien, le seul et unique que j'aie eu avec elle, il m'a semblé deviner, de sa part, que celui qui tuerait cet homme, lui rendrait un fort grand service... Eh! mon Dieu! c'était peut-être un avis indirect que t'adressait ta femme, pour qui l'existence de ce duc était une honte, un obstacle peut-être à ce qu'elle devînt envers toi une épouse aimante et docile... Enfin, qu'elle vive, et nous saurons à quoi nous en tenir à ce sujet.

En discourant de la sorte, les deux jeunes gens arrivèrent au but de leur course et pénétrèrent silencieusement dans le salon de la villa, mitoyen avec la chambre à coucher de Flora.

Angélique, prévenue de leur retour, s'empressa de venir les trouver, afin de leur apprendre que Flora avait passé une assez bonne nuit, et que, quoiqu'étant fort souffrante encore, les médecins assuraient qu'elle était entièrement hors de danger.

Ce fut dans l'appartement qu'occupait Folleville, dans la maison voisine de la villa, que Ferdinand et Darbel furent se loger, afin de ne point se séparer d'Angélique, et d'être mieux à même de suivre les progrès de la résurrection de Flora.

— Qui donc êtes-vous, madame, vous

que j'ai trouvé à mon chevet, secourable et empressée à me prodiguer vos soins le jour où il a plu à Dieu de me rendre la connaissance et la lumière? demandait Flora huit jours plus tard à Angélique, assise à son chevet. Sans doute un ange bienfaisant et protecteur, aux soins duquel je suis redevable de la vie?

— Je suis l'amie de ceux qui vous aime; je suis une mortelle, et non ange, madame, répondit la sainte et bonne Angélique, en souriant et pressant dans les siennes les mains pâles et amaigries de la jeune malade.

— Mais enfin, qui vous a envoyé vers moi, vous qui ne pouvez être une mercenaire, vous, dont les traits charmants, le langage, les manières annoncent une femme supérieure? reprit Flora.

— Je suis celle qui veut votre bonheur, ambitionne votre amitié, votre confiance. Je suis une femme heureuse, qui aime son mari et en est aimée.

— Alors, reprit Flora, s'il en est ainsi, c'est que votre époux vous estime, c'est qu'il savait qu'en s'unissant à vous, il n'aurait jamais à rougir de sa compagne, c'est que l'amour et l'amitié le guidaient seuls dans le choix qu'il fit de votre personne, et que ni l'ambition, ni la soif de l'or n'inspiraient son cœur.

— Flora, prenez garde, une injuste prévention est souvent nuisible, fit Angélique.

— Que voulez-vous dire? reprit Flora,

— Puisque vous admettez que je suis un être surnaturel, un ange enfin, envoyé par Dieu pour veiller sur vous et vous rappeler à la vie, admettez donc encore que Dieu, en me confiant cette céleste mission, m'ait révélé votre passé et vos moindres secrets ; j'ai donc alors le droit de vous dire : Moi qui connais le passé, Flora, vous avez été bien cruelle et sans pitié, Flora serez-vous toujours ainsi envers celui qu'égara un moment d'ambition, mais qu'a converti l'amour pur et vrai que lui ont inspiré vos charmes ?

— C'est de mon mari que vous parlez, madame ? Oui, je sais que j'ai été sévère à son égard ; savez-vous pourquoi ?

— Non, mais dites-le moi ?

— Eh bien! c'est parce que je trouve

qu'il est infâme d'aimer une femme flétrie, indigne de l'estime d'un honnête homme, et que je suis une de ces femmes!

— Flora, vous êtes injuste et trop sévère à votre égard, car la faute involontaire qui pèse sur votre conscience et vous effraye tant, n'est que le crime d'un autre; vous, innocente orpheline, sans expérience ni soutien pour vous garantir contre la perversité d'un corrupteur audacieux. Flora, vous fûtes une victime et non une coupable. Ferdinand vous a jugé telle, et, tout en vous plaignant, il vous a trouvé digne de son amour et de son respect. Aujourd'hui que le repentir et la souffrance vous ont purifiée, acceptez une vie nouvelle, aimez sans remords, et soyez heureuse avec l'époux qui ne demande, en récompense de l'amour qu'il vous porte, qu'un peu de tendresse et d'estime.

— Qu'exigez-vous, madame? Que je vive avec mon mari, que j'accepte ses caresses, que j'exige de lui le respect qu'un mari doit à une femme estimable? Hélas! en ai-je le droit, lorsqu'il existe au monde un homme duquel j'ai été la maîtresse, un homme qui possède le droit de m'insulter même au bras de mon époux toutes les fois que la fatalité le placera sur mon passage; un homme devant lequel il me faudrait baisser les yeux, et dont le souvenir suffit seul pour soulever dans le cœur de mon mari la honte, la jalousie et le dégoût! Ah! croyez-moi, madame, malheur à la femme qu'un coupable passé contraint à rougir devant son époux, qui-

dans son regard, croit sans cesse rencontrer l'expression du mépris; qui, chaque fois que s'entr'ouvrent ses lèvres, craint d'entendre s'en échapper un reproche. Ah! cette existence, avouez-le, doit être l'enfer sur la terre. Ainsi, madame, quoique revenue envers M. Brémond à de meilleurs et plus justes sentiments, je ne me sens pas assez de courage pour affronter la réunion qu'il désire, et c'est au fond d'une retraite sainte et ignorée, que je sollicite de lui la permission d'aller terminer une existence flétrie.

— Il n'y consentira pas, madame, car Ferdinand vous aime trop pour cela, Flora; revenez à votre mari, qui vous fait, par ma voix, le serment d'oublier le passé, et de vous rendre la femme la plus heureuse et la plus adorée.

— Madame, reprit Flora, ce que votre amitié exige de moi en faveur de mon mari, ne s'accomplira pas tant que vivra l'homme qui m'a souillée, tant que le duc de Crosy pourra dire en me montrant du doigt : cette femme m'a appartenu.

— Eh bien! madame, rappelez donc Ferdinand, car le duc de Crosy n'existe plus.

A cette nouvelle, Flora poussa un cri, mais un cri de surprise et de joie ; son visage se colora, et un léger sourire vint effleurer ses lèvres.

— Mort, dites-vous? mort, l'infâme! Qui donc l'a tué? Quelle est la main qui l'a puni et m'a vengée? demanda-t-elle d'une voix frémissante.

— Le duc a été tué en duel il y a huit jours, aux prés Saint-Gervais, par un adversaire demeuré inconnu jusqu'alors ; mais, s'il eût été le vainqueur, cet homme aurait été châtié par Ferdinand, qui l'avait provoqué, et devait le lendemain se battre avec lui à la croix Catelan.

— Ainsi, monsieur Brémond voulait me venger?

— Ou, du moins, mourir en l'essayant, répondit Angélique.

— Maintenant, madame, que Ferdinand daigne me pardonner, et je serai la plus heureuse, la plus soumise et la plus aimante des femmes, fit Flora.

— En sorte que, s'il apparaissait à vos yeux, il serait le bien-venu.

— Oh ! n'en doutez pas !

— Alors, monsieur Brémond, prenez la peine d'entrer, cria Angélique.

Et Ferdinand vint tomber à genoux devant le lit de Flora, laquelle lui tendit une main en lui disant :

— Ferdinand, je t'aime !

— Et moi je suis le plus heureux des hommes, répliqua le jeune mari, en donnant à sa femme un baiser qu'elle lui rendit.

Un mois après cette réconciliation, toujours belle et entièrement rétablie, Flora retourna vivre à Paris, avec son mari, dans un hôtel dont Ferdinand avait fait l'acquisition, lequel était situé tout près de celui de Darbel.

Un an plus tard, Folleville rentrait en

France après avoir épousé Alice, qui s'était convertie en voyage, c'est-à-dire qui avait renoncé sincèrement à Satan, à ses pompes et à ses œuvres, pour devenir une excellente et fidèle épouse.

FIN DU DEUXIÈME ET DERNIER VOLUME.

TABLE DES CHAPITRES

		Pages
Chapitre	I.	1
—	II.	37
—	III.	81
—	IV.	125
—	V.	163
—	VI.	233
—	VII.	269
—	VIII.	289
—	IX.	311

FIN DE LA TABLE.

Fontainebleau. — Imp. de E. JACQUIN.

Les Secrets de l'Oreiller
Par *Eugène Sue*, 7 vol.

L'HOROSCOPE
Par *A. Dumas*, 3 vol.

LA VIERGE AUX PERVENCHES
Par *Adrien Robert*, 3 vol.

LES BEAUX MESSIEURS DE BOIS-DORÉ
Par *George Sand*, 5 vol.

LE CHASSEUR DE SAUVAGINE
Par *Alexandre Dumas*, 2 vol.

LA JARRETIÈRE ROSE
Par *Charles Deslys*, 3 vol

Le Chevalier de Floustignac
Par *Adrien Paul*, 4 vol.

Fontainebleau, imprimerie de E. Jacquin.

www.ingramcontent.com/pod-product-compliance
Lightning Source LLC
Chambersburg PA
CBHW072006150426
43194CB00008B/1010